주부와 **직장인**을 위한
99% 안전 경매

주부와 직장인을 위한 99% 안전 경매

발행일	2016년 12월 5일		
지은이	조동진, 한종규		
펴낸이	손 형 국		
펴낸곳	(주)북랩		
편집인	선일영	편집	이종무, 권유선, 김송이
디자인	이현수, 이정아, 김민하, 한수희	제작	박기성, 황동현, 구성우
마케팅	김회란, 박진관		
출판등록	2004. 12. 1(제2012-000051호)		
주소	서울시 금천구 가산디지털 1로 168, 우림라이온스밸리 B동 B113, 114호		
홈페이지	www.book.co.kr		
전화번호	(02)2026-5777	팩스	(02)2026-5747

ISBN   979-11-5987-294-5 13320(종이책)   979-11-5987-295-2 15320(전자책)

이 도서의 국립중앙도서관 출판예정도서목록(CIP)은 서지정보유통지원시스템 홈페이지(http://seoji.nl.go.kr)와 국가자료공동목록시스템(http://www.nl.go.kr/kolisnet)에서 이용하실 수 있습니다. (CIP제어번호 : CIP2016029422)

주부와 직장인을 위한 99% 안전 경매

조동진 한종규 지음

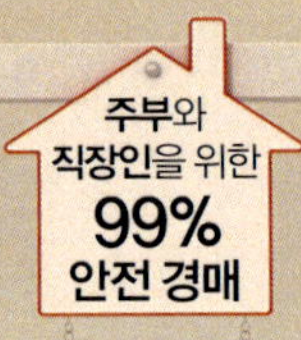

Contents

시작에
앞서

시중에 나와 있는 경매 서적들을 보면 '얼마로 얼마를 벌었다'하는 마치 영웅담과도 같은 제목이 유난히 많은 것을 알 수 있을 것이다. 그 책들을 살펴보면 시작한 금액은 매우 적은데 어마어마한 부동산 부자가 되어 있는 것 또한 알 수 있는데 본인도 그렇게 될 수 있으리라는 꿈을 꾸며 경매공부에 입문하게 됨이 적지 않다. 대부분 사실일 것이며 좋은 책들이 많지만, 이 부분에서 경매에 입문하는 사람들이 큰 오해를 하는 경우 또한 적지 않다.

못 찾았을 수도 있지만 '그 결과물을 얻은 기간'이 제목에 명시된 경우를 보지 못하였고, 본문 중에도 언급이 없거나 다른 내용을 교수하는 중에 스치듯 언급된 경우가 많았다. 이는 경매만 하면 단기간에 같거나 유사한 금액의 부를 쌓을 수 있을 것이라는 너무 높은 기대치를 처음부터 가지게 하기 마련인데, 실제 경매시장에 발을 담가 보면 현실은 그렇게 녹록하지 않음에 실망하고 일찍 경매시장을 떠나는 결과를 야기하는 경우도 어렵지 않게 목격되었다.

물론 영웅담이 있는 경매 책은 우리에게 경매에 대한 열정을 심어 준 것만큼은 정말 좋은 효과라고 생각한다. 요즘 4년제 대졸자의 평균 입사 초년도 연봉이 3천만 원대인 것을 고려해보면 처음부터 이전 경매 서적들을 작성한 저자만큼의 수익을 벌어들이지 못할지라도, 최소한 몇 번의 경매 낙찰로 직장인 연봉 이상의 수익을 낼 수 있는 것 또한 사실이다.

입문 초기의 기대치에 미치지 못한 금액 때문에 간과할 수 있으나 그러한 수익 또한 적지 않으며, 경매를 시작하게 되었기 때문에 발생할 수 있던 것으로 그것은 영웅담을 쓴 그 책이 본인의 마음에 불을 지폈기 때문에 경매 공부를 시작한 것에서 비롯된 것이라 해도 무방할 것이다.

특별한 촉이나, 감각을 가진 사람이라면 또 다른 결과를 얻을 수 있을지 모르겠지만, 직장을 다니며 혹은 가정생활을 꾸리며 짬짬이 부동산 투자를 하는 분들이 처음부터 영웅담을 쓴 저자들과 같이 수십억을 벌기는 무리가 있다. 하지만 일반인의 연봉을 기준으로 한다면 조금씩 안전하게 진행해 나갈 때 아주 좋은 시장이라고 지금도 의심치 않는다.

이 책 또한 한 권만 읽고 갑자기 고수익을 내는 고수 경매투자자가 될 수 있거나, 몹시 어려워 때로는 자기 자본 상실의 위험이 큰 물건을 해결하는 고급경매기술을 바로 알려주고자 쓰는 것이 아니다. 다만 또 다른 영웅담을 쓰고자 하는 것도 아닌 현 시장에서 다년간의 경험을 바탕으로 이론과 실제를 종합하여 어떻게 하면 경매에 처음 진입하는 이들이 조금이라도 안전하게 돈을 지키면서 투자해 나아갈 수 있는지에 초점을 맞추어서 내용을 준비했다.

끝으로 이 책을 함께 집필하면서 모든 방면으로 노력하고 같이 하신 한종규 님에게 감사드리고, 저를 힘든 상황에서도 건강하게 키워주신 부모님과 사랑하는 우리 가족들, 항상 수고해주시는 우리 사무실 실장님들과 직원분들께 말로는 잘 표현하지 못했지만 고마운 마음을 갖고 있으며 늘 감사하다는 말씀을 전합니다.

2016년 12월
조동진

주부와
직장인을 위한
99%
안전 경매
Chapter 1

01

선입견,
누가 만든 장애물인가?

"경매로 넘어간 집을 사도 괜찮은 거니?"

경매에 나온 집은 '무언가 하자 있는 집'이라는 마인드를 가지고 계셨던 어머니께서 심중의 우려가 배어 나오는 물음을 넌지시 던지신 적이 있다. 이미 그때는 몇몇 주택을 낙찰받고 매매 혹은 임대를 통하여 가시적인 수익을 거두고 있었던 시기였으나, 주변에서 들리는 경매에 관련한 근거 없는 나쁜 풍문이나 간간이 TV 뉴스에서 접하는 경매 관련 부정적인 뉴스에 마음이 불편하셨던 것 같다.

이는 경매에 입문하거나 입문을 위해 공부하는 이들 대부분에게 빠짐없이 찾아오는 허들일 것인데, 분명한 것은 대부분 공통적으로 상당히 빨리 찾아온다는 점이다. 비단 경매 물건에 대한 이슈 외에도 '전 집주인이나 세입자를 쫓아내는 악역으로 차후에 해를 당하거나 타인에게 누를 끼치는 것은 아닌가?' 하는 생각과 주변의 말들로 쌓인 선입견들로 허들의 높이를 스스로 올리기도 한다.

이는 경험해 보지 못한 분야 어느 곳에도 적용되겠지만, 특히 목돈이 준비되어야 하는 경매에 있어서는 입문자 스스로 느끼는 막연한 어려움이나 가족을 포함한 가까운 주변인들의 우려에서 비롯된다. 이 부분을 넘지 못하고 진입조차 못 하거나 몇 년째 공부만 하는 이들이 적지 않음을 주변에서 어렵지 않게 찾을 수 있다.

좋은 사람이 살면 '좋은 집'이고 나쁜 사람이 살면 '나쁜 집'이라는 논리와 같은데, 이 두 사람이 승강기를 사이에 둔 계단식 아파트의 이웃이라면 같은 동 같은 층의 아파트값이 달라야 하겠지만, 현실은 그러하지 않다. 또 흔히 하는 말로 '터가 안 좋다'는 얘기로 적용해 보자면 아파트의 경우 계단식과 복도식을 구분할 필요 없이 모두 같은 대지 위에 지어진 집합 건물이다. 경매에 나온 물건이 있는 라인은 다들 망하거나 이사 가거나 나쁜 일이 있어야 하고 집값이 내려가거나 최소한 대부분 매물에 나와야 하지 않는가?

그러나 현실은 그러하지 않으니 이는 주인을 선택할 수 없는 집으로서는 죄가 없으며, 나쁘다고 논할 수 있는 것은 사람의 욕심이 가져온 실패의 결과일 뿐임을 증명한다. 그 집에서 그 사람이 성공하였다면 실패는 성공으로 둔갑하였을 것이니 '잘 되면 내 탓이고, 안되면 조상 탓'이라는 말처럼 탓을 하는 것은 사람밖에 없으니 집은 무죄가 확실하다.

물론 이해되는 바도 있다.

요즘의 교육은 알 수 없으나 큰 차이가 없을 것으로 생각하는데 최소 30대라면 어려서부터 권선징악勸善懲惡을 근간으로 한 캠페인적인 교육을 받아 왔음을 기억할 것이다. 이는 산문이나 소설, 만화나 영화, 드라마 및 음악, 개그에 이르기까지 매체와 미디어를 통해 그려진 내용도 한결같이 '나쁜 사람=패배' '좋은 사람=승리'라는 공식으로 그려내었고 그 '악'의 징벌에 통쾌해 하는 것이 대부분 사람의 공통점일 것이다.

그런데 과연?

빌려 간 돈에 대해 정해진 기간 내 원금 혹은 약속된 이자를 제때 이행하지 않은 채무자가 피해자이고 착한 사람일까? 사람을 믿고 그 돈을 빌려주었으나 약속이 반복적으로 지켜지지 않아 시일도 꽤 소요되고 비용도 들지만, 경매라는 법적 절차를 통해 이자는커녕 원금 전부가 아닌 일부라도 구제받고자 하는 채권자는 나쁜 사람일까? 적어도 집주인의 채무관계로 경매 진행이 된 집을 임차한 사람은 불쌍한 사람임이 확실해 보인다.

집주인은 대부분 부자이거나 재정적 여유가 있는 사람일 것이라는 일부의 막연한 선입견이 있다고 느끼게 되는 경우가 많은데 실상은 그렇지 않은 경우가 상대적으로 많다. 오히려 직장생활을 하며 아끼고 모아서 대출을 포함하여 작은 집이나마 마련하여 월세를 주어 집값은 혹시 닥칠지 모를 큰일에 대비한 든든한 보험 같은 느낌으로, 월세를 받아 대출이자 납부하고 10만 원 전후로 남는 금액은 용돈 삼아 생활하는 집주인들이 더 많다. 보통 월세가 대부분이지만, 1년의 월세를 선납하는 사글세를 들어본 적이 있을 것인데 노령의 집주인 분 중에는 오히려 사글세를 거부하는 경향

주부와 **직장인**을 위한
99% 안전 경매

도 많은 것을 경험했다. 목돈이 한 번에 들어오면 좋을 것 같지만, 자식들이 장성하여 분가한 경우 병원비 외에는 큰돈을 쓸 일이 없기에 불필요한 소비로 한두 번에 사용할 수 있어 관리가 어렵다고 하였다. 또한 대부분 자식들이나 친인척들이 목돈이 생겼다고 하면 여기저기서 손을 벌리며 아쉬운 소리를 하는 경우가 많아 사전에 예방하고자 하는 이유도 있다고 한다. 별도로 매월 통장 정리 시 새로 기장 되는 내역을 보는 늘그막의 쏠쏠한 재미가 없다는 이유를 드는 분들도 있었는데 충분히 이해할 만한 상황이지 않은가?

그런 그들에게 월세 체납은 본인이 은행에 우선 대납해야 할 짐이자 부담이 되는데 월세 보증금에서 차감하면 되지 않느냐는 의문이 있을 것이다. 후에 자세한 예를 들어 설명하겠지만, 요즘과 같은 초저금리 시대에 예금으로 이자 수익은 생각할 수도 없으니 정기 예금으로 계약 기간에 맞춰 묶어 두거나 할 텐데 아시다시피 중도 해약하면 보장이자가 없다시피 한 수준이니 당장 뺄 수 없는 처지라면 부담은 더욱 늘어나게 된다.

답은 이미 나와 있다.

착한 사람과 나쁜 사람이 뒤바뀌지 않도록 경매를 대하는 본인의 사고와 태도부터 깨어나야 할 것이다.

부동산 시장을 알면
목적지가 보인다

부동산 경매에서 가장 많은 이들이 입찰하는 물건의 분류는 집이다.

대부분의 경매 서적이나 강의들도 집을 낙찰받는 것에 초점을 잡고 있는데 사람이 살아가는 기본 요소인 '의·식·주' 중 하나이기도 하거니와 내가 필요하면 남도 필요한 것인 변형 불가한 그야말로 '필수 요소'이기 때문이다. 이처럼 반드시 필요한 집에 입찰하는 이들은 둘 중 하나로 본인의 거주 목적이거나, 타인을 거주하게 하여 수익을 올리는 것으로 '목적은 곧 수익'이라 함에 틀림이 없을 것이다.

세계에는 없고 우리나라만 있는 것이 '전세 제도'라고 하는데 들어 본 적이 있을 것이다. 물론 세계 모든 국가를 속속들이 확인한 것은 아니지만, 우리나라가 속해있는 OECD(경제협력개발기구) 회원국에는 없는 것이 확실하다.

현재 우리나라 부동산 시장에 이미 전부터 보이는 상황으로 전세 물건의 현격한 감소와 매매가에 다다르거나 매매가를 상회한 물건의 등장에 대해 들어 본 적이 있을 것인데 상황이 발생한 본질을 파악하여 시장을 이해할 필요가 있다.

우선 전세가 줄어든 이유는 무엇일까?

각종 미디어에서 저금리 시대라 떠들고 있어 오랜만에 전국 은행연합회(www.kfb.or.kr) 홈페이지에 접속하여 은행 금리 비교를 확인하였더니 12개월 만기 적금 기준 1.0~1.7%이며, 정기예금 금리는 약간 더 낮은 점으로 볼 때 점차 은행의 역할은 금고의 의미에서 벗어나기 힘들어 보인다. 가까운 일본과 EU의 중앙은행이 마이너스 금리 정책을 시행하는 것도 은행이 금고의 형태로 변화하고 있음을 방증하는 결과이리라.

상기 내용은 네이버의 이자 계산기를 통해 5,000만 원을 2년 월 복리로 1.7% 이자로 계산한 내용인데, 참고로 현재 시중의 정기 예금 금리로 1.7%는 전국 은행 연합회의 공시 내용상 없는 금리이다. 네이버에서도 친절하게 한국은행 금리는 1.25%라고 알려주는데 그나마 이율이 높은 적금 최대 금리로 계산하였을 때 세후 수령액은 147만 원 미만임을 확인할 수 있다. 같은 건을 4,000/10(만원) 반전세로 임대할 경우 월세 수익만 240만 원이며 수령한 보증금 4,000만 원을 정기예금으로 재입금하면 그에 대한 이자도 있거니와 계약 중간에 집을 비우겠다는 임차인에 대해서도 바로 대응이 가능한 안전한 운용이 가능하다.

같은 5,000만 원 보증금 효과로 2배에 가까운 수익을 올릴 수 있으니 본인이 집주인이라면 전세로 임대하고 싶겠는가? 해당 건물을 1,000/40만 원으로 임대할 경우 960만 원의 임대수익을 올릴 수 있으니 전세가 없어지는 것은 저금리 시대가 가져온 부산물 이자 피할 수 없는 흐름이라 해도 과언이 아닐 것이다.

그렇다면 반대로 매매가 보다 전세가가 역전하거나 매매가에 근접하는 상황은 어떤 이유일까? 우선 실상을 확인하였을 때 전세가가 매매가를 역전하는 경우는 수요가 몰리는 지역의 극히 일부 지역의 물건일 뿐이다. 매매가의 85~95%에 달하는 경우를 현시점에서 생각보다 많이 확인할 수 있었는데 구매 능력은 있지만, 부동산 시장의 불안감에 구매를 꺼리고 전세를 통해 추이를 지켜보려는 수요층의 심리가 반영된 것이라는 판단이 지배적이다. 물론 이는 앞서 언급한 저금리 상황으로 더 이상 은행의 정기예금 수익으로 물가상승률에도 턱없이 못 미치는 실정에서 더 나은 수익을 발생할 수 있는 방법을 찾은 집주인들이 전세 물량을 월세 전환하여 공급량이 줄어든 것이 전제된 것임을 잊지 말고 본인들이 설정한 목적지가 어디인지도 다시금 되새겨야 할 것이다.

함께 가라는 말을
오해하지 말자

'빨리 가려면 혼자 가고, 멀리 가려면 함께 가라'는 말을 들어 본 적이 있을 것이다.

이 말은 아프리카의 속담으로 태생적으로 사막이 많고, 개발이 덜 되어 정글과 같은 야생으로 유지되는 지역이 많은 만큼 야생동물이나 각종 위험에 대비하며 멀리 가기 위해서는 함께 갈 동료가 있어야 한다는 의미이다.

부동산 경매에 있어서도 요즈음에는 워낙 많은 이들이 공부하여 도전하기 때문에 낙찰가는 높아졌고, 낙찰률은 과거에 비해 상당히 낮아졌고 특히나 목 좋은 자리의 중소형 물건은 거의 시세에 잡히거나 시세를 넘는 아이러니가 발생하기도 한다. 물건이 좋을 경우 자연히 사람이 몰리고 패찰한 이들은 그 물건을 위해 검색하며 분석하고, 임장한 시간과 노력이 수포가 되는 이들이 많이 진다는 결과가 도출된다.

그러다 보니 수익률이 높아 보이는 대형 평형의 물건으로 눈을 돌리게 되고 학원이나 경매 동호회 등의 모임에서 함께 공부했던 마음이 맞아 보이는 이들과 종잣돈을 십시일반 거두어 입찰하는 경우가 매우 잦아지고 있다.

한 건에 여러 사람의 비용과 노력이 들어가다 보니 낙찰의 확률을 높이기 위해 입찰 가액을 혼자 투자할 때의 마인드보다는 조금 더 높이 쓰는 경향이 발생하는데, 물론 그 금액에 잡아도 이익이 나는 것은 분명히 맞을 것이지만 1/n만큼의 수익률이 각자 줄어든 것은 사실이고, 진짜 난관은 낙찰 후에 찾아오는 것이 대부분이다.

얼마 전 권리분석 단계에서 조언을 구해 온 경매 스터디 그룹원이 있었다.

그 그룹은 사전 의견 조율을 통해 2년 만기 적금처럼 여기며 2년간 임대하여 양도소득세를 최소한으로 줄인 후 매도하여 차익을 거두자고 모였던 10인 그룹이었다. 물건의 위치도 좋은 편이었고, 임차인이 있었지만, 권리 분석상 90% 가까운 자금 회수가 가능한 임차인으로 명도에 큰 어려움이 없어 보이는 전용 면적 약 125㎡의 아파트였다. 해당 건을 비교적 준수한 금액으로 낙찰받아 기뻐하며 축배를 함께 했던 것도 잠시였는데, 매각허가결정이 나오고 잔금 납부 전 구성원 두 명이 집안 상황이 급박하게 변하였다며 개인 사정을 들어 즉시 매도하여 적은 수익이나마 빠른 회수를 요구하였다. 다섯 명은 동의하였지만 보유해야만 하는 이유가 있다는 세 명과 조율이 되지 않아 대출 과정에서 진행되지 못하고 결국 잔금 입금을 하지 않는 상황을 맞았다.

입찰 전에 의견을 조율하여 운영 방향을 논의했다고 하여도 참가자들이 처한 상황이 어떻게 변할지 알 수 없는데 그 구성원이 많을수록 확률도 곱해지는 것이다. 상기 물건은 재경매로 나와 타인이 낙찰되었으나 이 과정에서 웃을 수 있는 것은 해당 물건의 소유자나 낮은 순위의 채권자밖에 없는데 미납한 최초 입찰보증금이 낙찰 대금으로 편입하기 때문이며, 그 외 여러 사람에게 피해와 상처만 남겼다.

우선 10인은 각기 최초 입찰한 보증금을 한 푼도 받지 못하고 날려서 서로 의가 상하여 다시 보지 않게 되는 드라마 같은 설정처럼 불 보듯 뻔한 상황이다. 각기 그들의 집에 돈을 잃은 것에 대해 고하지 못하거나 알려져서 가족들까지 함께 고통받는 상황이 발생하였다. 또한, 이전 낙찰 시점에 그 물건에 같이 입찰한 사람들의 시간을 낭비하게 하였으며 재경매로 나왔을 때는 입찰 보증금이 20%가 되어 최초 낙찰 시보다 많은 입찰 준비금을 준비해야 하는 부담에 재입찰 인원은 그전보다 현저히 줄었다. 거주하던 세입자는 또다시 두 달여 보증금 회수의 시점이 지연되어 이사 철을 넘겨진 탓에 원하는 위치에 원하는 물건을 찾는 데 애를 먹을 것이고, 해당 아파트의 관리사무소는 2~3개월 관리비 체납이 길어졌으니 새 낙찰자가 공용 부분은 부담하겠지만 전용 면적에 대한 관리비 미수 금액이 불어나는 등 관리사무소에도 피해가 누적되는 것이다.

2015년 통계상 약 4,000여 건의 잔금 미납 진행 건들이 있었다는 뉴스를 본 적이 있다. 물론 공동투자에서 의견 조율 실패로 미납된 건 보다는 권리 분석에 실패한 것을 낙찰 후 인지하여 잔금 납부를 포기하는 건이 비율적으로 몇 배는 될 것이다.

그러나 최근 경매 정보 사이트에 게시된 재경매 나오는 것들을 보면 이전 낙찰자가 'ㅇㅇㅇ 外 몇 명'하는 건들이 심심치 않게 보이는데 지난 사건을 상기하게 되는 씁쓸함이 느껴진다.

'사공이 많으면 배가 산으로 간다'고 하지 않았나?

사람들의 생각을 모으기도 쉽지 않지만, 그것을 유지하는 것은 더욱 어려운 일이며 구성원이 많으면 많을수록 더더욱 그러할 것이니 멀리 가려면 함께 가라는 말을 오해하지 말아야 할 것이다.

덕분에 정보 교류와 상호 간의 응원하는 관계 정도의 선을 지키되 공동 투자는 되도록 지양하도록 유사 문의 시 때마다 강조하게 되었으니 아무것도 안 했을 때보다 유사 피해자가 줄었다고 믿고 싶다.

04

입찰 목적,
깊이 생각해 본 적 있습니까?

'대형 아파트라고 많은 보증금과 많은 월세를 기대하는 것은 무리이다. 본인의 목적이 소유가 아닌 수익이라면 금액을 쪼개어 투자하는 것이 바람직하다.'

작은 평수조차 일반 매매가 보다 경매가로 낙찰하는 것이 더 저렴한데 대형 아파트는 높은 감정 가격 만큼이나 유찰 시의 최저입찰가의 금액 하락 폭이 크고 무엇보다 투자의 가치는 중소형이 더 매력적이어서 거주 혹은 소유 목적의 입찰 수요층이 매우 한정적이다. 더욱이 관리비 부담도 만만치 않고 매도 시 동일 지역의 중소형 아파트 보다는 시간의 지연이나 금액 하락의 사유로 중소형 평수가 인기가 많고 대형 평수는 기피하는 것이 현재의 시장 상황이다. TV 광고에 자주 등장하여 비싼 아파트라는 인식이 있던 메이저 브랜드 물건이라도 1차에서는 당연하다는 듯이 유찰되고 2차 경매 진행 물건이 비일비재하며 물건 위치에 따라 2차에서도 유찰되어 3차까지 진행되는 물건도 적지 않게 찾아볼 수 있다.

3차 경매 진행의 의미를 수치화한 예를 들어 표현하자면 1차 경매에 감정가 4억5,000만 원의 인천 지역 대형 아파트가 유찰이 되면 2차 경매 최저입찰가는 30% 하락한 3억1,500만 원으로 다시 진행되고, 이때도 전혀 입찰자가 없어 3차 경매 진행이 되면 이전 최저입찰가에서 30% 하락한 2억2,050만 원이 최저입찰가가 되는 것이다. 해당 물건이 2차 최저입찰가 이상으로 낙찰될 수도 있겠으나 금액이 많이 넘어서지는 않을 것이며 3억1,000만 원에 낙찰되었다고 가정하면 명도비용과 세금을 감안하더라도 1억3,000만 원을 상회하는 저렴한 금액으로 구매한 것이다. 물론 차후 매매 시 오랜 시간이 들거나 좀 더 저렴하게 매도하여 차익이 줄어들 수 있으나 그럼에도 불구하고 1억 원 전후의 시세 차익은 달콤하다. 물론 이러한 이유 때문에 초기 자본금이 많이 들어 여러 명이 공동 투자하는 경우가 앞서 언급한 10인 그룹의 실패 사례 같은 것인데 보이지 않는 위험의 초래를 수반함을 다시금 잊지 말아야 할 것이다.

얼마 전 지인의 부탁으로 대형 아파트 낙찰을 도운 적이 있다.

대형 아파트를 구매하고자 하는 오래된 목표를 간직해 왔던 지인이 목표 실현을 앞둔 어느 날, 언젠가의 모임에서 지나가듯 던진 '경매로 구하는 것이 더 저렴할 수도 있다'는 말을 기억했는지 최종 구매결정 전 찾아와 상담을 요청하였다.

주소 및 진행 내역	면적(단위: ㎡) 감정평가 내역	임대차 관계	등기부상의 권리관계
인천광역시 남동구 구월동 A 아파트 ○동 ○층 ○○○호 감정가액 1차 282,000,000원 최저매각가액 197,400,000원	대지권 50.942㎡ 건물 15층 중 15층 1991.10.18. 사용승인 건물면적 148.19㎡ (44.83평) 이용 상태: 주거용 감정가 282,560,000원	임차인이 없으며 소유자가 전부 점유 점유 부분: 주거용 전부 법원현황조사내용: 본 건 현황조사차 현장에 임하여 소유자의 자 김00을 면대한바, 소유자 가족이 이건 부동산을 전부 점유 사용하고 있으며 임대차 관계는 없다고 함.	1. 2007.02.13. 소유권 이전 김○○ 2. 2011.07.15. 근저당 한국주택금융공사 255,600,000원 3. 2013.12.06. 압류 국민건강보험공단 4. 임의경매 한국주택금융공사 청구금액: 276,717,373원

해당 물건의 경매는 사전에 예측한 낙찰 범위에서 벗어나지 않은 금액으로 낙찰받을 수 있었다. 지인의 경우 40평형 초반의 매물을 위해 준비했던 금액으로 10평 이상 큰 50평형 중반의 아파트를 낙찰받고 명도까지 큰 어려움 없이 진행하여 취득하였으니 동일 자금으로 50평형대 아파트를 소유할 수 있음에 지인은 크게 기뻐하였다.

여기까지만 보면 훈훈한 미담으로 마무리된 해피엔딩 같았으니, 이 이야기가 동화라면 여기서 막이 내리며 '오래오래 행복하게 잘 살았답니다'로 마무리되었을 것이다. 물론 마지막 해결은 잘되긴 하였으나 현실에서는 임대차 과정에서 의외의 예상치 못한 상황을 맞이하며 안전한 부동산 임대차거래와 수익을 위한 생각을 다시 한 번 하게끔 하는 주의를 환기시켜 주었기에 이하에서 소개하려 한다.

해당 낙찰 아파트는 직접 거주하지 않고 5,000/70(만원)으로 임대를 진행하였는데 정상적인 임대가 이루어졌다고 가정하였을 때에도 여전히 훈훈한 이야기일까?

경매 투자자라면 이상한 점을 느껴야 한다.

지인은 30대에 40평형의 아파트를 소유하는 것이 목적이었고 초과 달성하였으니 진심으로 축하할 만한 일이지만 그 목적을 이룬 후, 그 아파트를 어떻게 운용 할 것인지에 대해서는 디테일하게 생각해 둔 바가 없었다. 그저 향후 결혼 시 입주하고자 하는 큰 그림 정도만 그려둔 상태로 미리 준비한 것임에 바로 이사 할 필요가 없는 상황이라 일반적으로 생각할 수 있는 집 근처 부동산에 해당 아파트의 동일 평형의 임대 매물 가격대를 감안해서 유사한 가격으로 월세를 내놓아 임차인을 구하기에 이르렀다.

대출 이자를 감안하면 월 수익은 미미한 수준이고 대출 없이 구매하였다 하더라도 억 단위의 자금이 묶이는 상황을 초래하면서도 임대차로 인한 자금 회수와 수익은 5,000/70이 전부이다.

임대 수익을 목적한다면 저 금액을 한 물건에 집중투자하기보다 더 작은 평형의 빌라나 소형 아파트 4~5채 매입으로 자금을 쪼개어 임대 수익을 생각하는 것이 맞지 않을까? 실제로 이 아파트의 구매 전에 꽤나 말렸지만 그의 대형 평수의 아파트 소유에 대한 오랜 의지를 꺾지 못해 진행에 도움을 준 케이스였다.

인천 부평구, 계양구 매물의 경우 역에서 다소 거리가 있을 경우 500/30 혹은 1,000/25로 투자 회수가 가능하고, 역세권은 500/40, 1,000/35, 2,000/25로 월세 임대가 어렵지 않아 더 적은 금액을 들여 더 많은 수익을 올릴 수 있다. 자금이 여유로운 이라면 반전세로 대출 없이 실행할 경우 월 고정적인 수익과 대부분의 자금을 회수하여 개수를 늘릴 수 있는 만큼 투자를 목적으로 한다면 회수할 금액 목표를 명확히 가지고 접근해야 낙찰 후에 속앓이하는 상황을 면피할 수 있음을 기억해야 한다.

부동산중개업을 하고 있음에 해당 물건의 임차인을 구해 주려 준비하고 있던 날 지인으로부터 다급한 연락을 받았다.

부모님이 주변에서 듣기에 집에서 가까운 부동산에 내놓아야 잘 처리해 준다는 얘기를 자꾸 듣다 보니 불가피하게 가까운 부동산을 통해 임차인을 구했는데, 이사일 오전에 부동산 중개소장으로부터 연락이 왔다. "잔금을 오후 1~2시경에 치를 상황인데 이사 업체 직원들이 기다리고 있으니 우선 짐부터 들이는 것이 어떠하겠느냐?"는 물음에 별일 없겠거니 하고 수용하였는데 결과는 해당 시간에도 잔여 보증금이 입금되지 않아 어떻게 하면 좋겠느냐며 울상이 되어 구조 요청을 한 것이다.

이미 짐이 들어가 버린 상황이면 우리가 낙찰 후 이전 점유자를 내보내기 위해 협상하는 것처럼 강제로 내보낼 수 없고 소송을 통해 처리해야 하는 상황이다. 물론 승소는 할 수 있을 것이나 임차인이 항고와 3심까지 갈 경우 민사 소송에서 2년은 금방이다. 어느 정도 보상이야 받겠지만 그때까지 제대로 받지 못한 월세와 소송에 들인 시간, 그 시간에 분노한 시간과 가족들까지 우려한 시간을 포함한 적절한 보상이 이루어질까?

이 상황에서 가장 잘못한 것은 중개업자로 연세 지긋한 할아버지라던데 우연치 않은 한 번의 실수이든, 안일함이 나은 예상된 실수이든 피해는 고스란히 고객에게 전가 된다. 수십 번의 전화 통화와 십 수차례 찾아가 다툰 결과 시간이 적지 않게 흐르고 나서야 최초 임차 보증금의 절반에 못 미치는 보증금과 최초보다 좀 더 많은 월세를 받는 선에서 잠정 합의가 되며 마무리가 되었다. 그때까지 계약금만 받고 넓은 평수의 아파트를 내어준 소유자의 심정이 어떠하였을지 짐작해 본다. 임대차계약이라고 절차와 어긋나게 진행하면 언제든지 예상치 못한 부분에서 피해를 볼 수 있다는 생각을 염두에 두어야 할 것이며, 중개업을 병행하는 입장에서는 기본을 지키지 않으면 언제든 이러한 상황에 처한 것이 본인이 될 수 있고 피해를 고객이 입어야 하는 것을 다시금 되새기게 되었다.

이 건에서 알 수 있듯이 경매 낙찰로 종료되는 것이 아니라 경매 낙찰 후 임대 투자 목적이라면 임차인을 온전하게 들이는 것이 잠정적인 종료 시점이고, 해당 물건을 향후 매도하여 본인의 손을 떠날 때까지가 진정한 종료 시점이라는 것을 인지하고 입찰 단계부터 목적과 운용 방안을 공고히 해야 할 것이다.

정 안 되면
내가 살지

부동산 경매에 국한되는 얘기는 아닐 텐데, 어떤 일로 수익을 창출하거나 좀 잘 되었다고 소문이 나면 자연스럽게 주변인 중 공통된 관심사를 가지는 이들이 이런저런 문의를 해 온다. 앞서 언급한 것과 같이 경매 특성상 입찰과 낙찰 후 임대나 매매 수익으로 전환되기까지 소요되는 시간(=자금이 묶이는 시간)이 있기에 다시 본인 투자에 집중할 자금력이 갖추어질 시점까지 감을 떨어뜨리지 않고, 현장과 멀어지지 않고자 하여 지인들의 경매를 조언하거나 간접적인 도움을 주기도 하고 있었다.

사람들을 도우며 여러 가지 경험을 토대로 깨닫게 된 것이 있는데 문제를 야기하는 것은 보통 경매를 대하는 자세에 있어 마음만이 먼저 앞서는 경우에 예상하지 못한 곳에서 문제들이 발생하는 상황이 많음을 발견하였다.

한 번 이상의 낙찰 경험이 있다면 스스로 생각해 놓은 물건에 대해 사건 전체를 오픈하지 않고 본인이 잘 알고 있다고 생각하는 부분을 제외한 몇 가지만 확인한다는 점이 가장 많았다. 본인 또한 그랬던 경험이 있기에 반드시 지양해야 할 부분이라고 생각한다.

같은 사건이라도 전, 후 상황에 따라 다른 분석을 해야 하는 경우가 있는데 이러한 점을 간과하지 말아야 한다. 알고 있는 부분도 다시 확인해봐야 하는데 그렇지 못하고 입찰할 경우 패찰하면 그나마 시간 낭비 정도이겠으나, 낙찰되어 임차인이나 집주인을 만나거나 해당 물건에 대해 사전에 파악하지 못한 문제점을 발견하였을 때는 결코 손해가 적지 않은 경우가 많았다. 그러나 이는 경매뿐만 아니라 다른 분야에도 공통적용 되는 부분일 것인데 이미 사고를 친 후에는 해결책은 많지 않고 찾기도 쉽지 않으며 추가적인 본인의 손실을 감안해야 하는 경우가 대다수이니 사전에 보완해야 한다.

주소 및 진행 내역	면적(단위: ㎡) 감정평가 내역	임대차 관계	등기부상의 권리관계
인천광역시 남구 문학동 A 빌라 ○동 ○층 ○○○호	대지권 523.7㎡ 중 29.17㎡ =42,000,000원	임차인: 이○○ 점유 부분: 주거용 전부 전입일: 2010.09.24. 확정일: 미상	1. 2007.09.20. 소유권 이전 (매각) 이○○ 임의경매로 인한 매각
감정가액 1차 120,000,000원	건물 4층 중 4층 1996.01.08. 사용승인	배당요구일: 2014.03.20. 배당요구종기일: 2014.03.24.	2. 2010.09.02. 근저당 계산새마을금고 91,000,000원
2차 84,000,000원	건물면적 53.84㎡ (16.29평)	보증금: 20,000,000원 /월 400,000원	3. 2014.01.07. 임의경매 계산새마을금고
최저매각가액 58,800,000원	이용 상태: 주거용 78,000,000원	대항력: 없음	청구금액: 92,758,763원

　상기 사건은 임차인이 월세로 2,000/40에 거주 중인 물건으로 임차인이 배당요구 종기 이전에 배당요구를 하였고 확정일은 미상이나 전입신고가 되어 있기에 소액보증금 최우선 변제대상에 해당되는 사건이다.

　전입신고일도 오랜 시간이 지난 사건이기에 배당절차에서 은행 측이 소액보증금을 배당받는 최우선 변제대상인 임차인에게 '가장 임차인'이라고 주장하며 배당배제 신청이 들어올 확률은 거의 없는 사건이라 명도 관련해서 딱히 힘들 것이 없어 보이는 비교적 안전한 경매사건이라고 볼 수 있다. 참고로 처음부터 낙찰자는 계속해서 월세 수익을 목적으로 투자하고자 입찰한 사건으로 낙찰자는 낙찰 직후 임차인과 재임대 협상을 완료하여 해당 물건에 투자된 자금을 볼 때 은행이자를 납부 후에도 좋은 임대수익을 내고 있다.

　위 사건의 물건은 도시인데도 불구하고 도시가스가 설치되지 않은 건물로 임장 과정에서 해당 내용을 파악하고 입찰하여야 하였으나 당연히 있을 것으로 판단하고 임장 없이 현황조사서와 매각물건명세서 상의 서류 내용만 보고 입찰 진행된 사건이다. 이런 물건에 입찰하면 차후 도시가스 설치 시 적지 않은 비용이 발생하기에 그런 상황을 염두에 두었다면 입찰을 포기하거나 금액을 낮추어 입찰하지 않았을까?

　다행스럽게도 전 임차인과 재임대가 원만히 이루어졌으나, 해당 임차인이 보증금 회수 후 새로운 임차인을 구해야 하는 상황이었다면 어땠을까? 낙찰자가 생각만큼(입찰과 명도 지출비용, 세금과 대출 상환 관계)의 금액으로 임대가 되지 않을 때 문제가 발생하고, 공실의 기간이 길어질 때 사고로 확대된다.

물건 소재지 상 멀지 않은 위치에 인천 지하철 1호선 인천터미널역이 있으나 서울 방면으로 대중교통 출퇴근하는 이들에게 어필할 수 있는 위치가 아니다. 이것은 해당 지역에 생활권을 가진 임차인을 새로 구해야 하는 상황을 야기하여 임차인의 범위가 좁아지게 되고, 더욱이 도시가스 설치가 되어 있지 않은 점 때문에 공실 기간이 길어 졌을 확률이 높은데 봄/가을의 이사철이 지난 비수기 상황이라면 더 오랜 기간 공실로 손해를 볼 수 있는 상황이 놓이게 되는 것이다.

임대 목적의 투자 물건에서 공실이 있다는 것 그리고 공실 기간이 길어진다는 것은 투자자 입장에서 상당히 두려운 이야기라 아니할 수 없다. 우선 금전적 부분에서 대출을 포함하여 투자한 물건의 경우 요즘과 같이 가계대출에 대한 규제가 강화되어 거치기간 없이 처음부터 원금과 이자를 상환해야 하는 경우(거치상품 이용 중 포함) 공실 기간에도 대출금은 상환되어 지출이 발생한다. 대출을 포함하지 않은 경우라도 적지 않은 자금이 묶이고 매월 발생했어야 할 수익이 마이너스 되는 효과임은 두말할 필요가 없을 것이다.

물건 관리 면의 손실을 알아보면 계절적 특성을 고려하여 여름철일 경우 덥고 습한 날씨로 인한 곰팡이 발생은 필연적이고 지속적이어서 자칫 환기까지 제대로 되지 않을 경우 도배한 벽면 전체에 곰팡이 제거 후 도배를 다시 해야 할 상황이 발생한 경우도 있었다. 겨울철일 경우 수도관 동파 등의 상황이 발생하여 본인의 물건 외 타인의 물건까지 피해를 주어 상상 이상의 추가 비용이 발생할 수 있는 여지가 있음을 인지하고 있어야 한다.

피해를 막기 위한 관리에 많은 시간과 노력이 임대 시까지 지속적으로 필요한데 이러한 물건처럼 처음부터 임대투자 목적인 경우 낙찰자가 원거리에 거주하는 경우가 대부분이기에 그 관리가 장기적으로 불가능한 경우가 많아 결국 낮은 금액으로 임차인을 구하는 경우로 귀결되는 경우가 아닌 케이스를 보지 못했다.

물론 임대가 안 되어 공실이 길어지면 '본인이 살면 되지 않겠느냐?'고 쉽게 생각하는 이들이 있는데, 남이 살지 않는 물건을 본인이 살기가 과연 쉬울까? 해당 물건과 같이 최초의 목적 자체가 임대투자로 낙찰받은 건의 경우는 소형 물건에 투자했을 경우가 많을 것이며 이런 경우 본인의 거주는 염두에 두지 않기 때문에 놓치게 되는 부분이 많을 수 있기에 내가 살게 된다고 생각하고 꼼꼼히 분석하고 임장하여야 예상치 못한 손해를 피할 수 있다.

물건 분석을 할 때부터 기본적으로 내가 살게 되어 나와 가족의 생활권 자체가 변경된다고 상황을 바꾸어 생각하는 것을 고려하도록 권장한다. 물론 모든 것을 그렇게까지 해야 싶은 것도 있지만 가급적 내가 살 수도 있다 생각해야 거주할 공간의 넓이나 주차 등의 시설 및 주변 시설이나 환경 등의 눈길을 주지 않아 보이지 않았던 세세한 부분도 탐색하게 된다. 그렇지 않을 경우 예상치 못한

하자를 나중에 발견할 여지가 다분하며, 사회적으로 이웃 간 살인 사건까지 벌어지는 이슈의 빌미가 되는 층간 소음이나 주차 문제까지 생각한다면 더욱더 세심히 조사해보아야 한다는 것을 몇 번을 강조해도 과함이 없을 것이다.

처음부터 목적성을 분명히 한 물건이라면 그 목적에 맞는 입찰이 되어야 함을 잊지 말아야 하며, 그 목적을 떠나 운용하려 한다면 이미 실패한 입찰이 될 확률이 높아지고 본인의 자금에 손실이 생긴다는 점을 명심해야 할 것이다.

06

적금이라도
깨야 할까요?

경매 자금을 마련하는 방법 중 누구나 알고 있고 가장 접근성이 쉬운 방법이 적금을 통해 저축하고 목돈을 마련하여 진행하는 것이다. 앞서 전세의 실종에 대하여 논하였을 때 현시대의 저금리 속에 자금 운용 시 이자 수익률이 미미함에 대해 수치를 통해 확인하였다. 다만 분명히 해야 할 것은 저금리 상황에 이자 수익률이 과거에 비해 나쁘다는 의미이지, 적금은 여전히 목돈을 마련하는 방법으로 50,000,000원까지 예금자 보호법상의 안전이 확보된 가장 접근성이 쉬운 목돈 마련 수단이라는 것이다.

특히 적금의 경우 사전 만기 기간보다 중도 해약 시 계약된 금리보다 터무니없이 낮은 금리로 수령하게 됨을 알고 있어 쉽사리 해약한다는 것은 생각조차 하지 않았던 암묵적 금기의 영향을 받던 시기가 있었다. 그 덕에 중도 해약의 위기를 몇 번 넘기고 만기 수령의 희열을 느낀 과거를 잊을 수 없는데 동일한 경험을 겪어 본

분들이라면 쉬이 공감할 것이다. 물론 현재의 저금리 시대에서는 유지해서 만기 수령하는 것이나 중도 해약하여 이자의 손실을 받는 것이나 수령 이자액에 별 차이 없다는 이유로 이제는 금기라 부를 수 없어졌다는 것이 아쉽지만, 시대가 바뀐 것을 어찌하겠는가?

경매 서적들과 칼럼들을 공부해오던 어느 날, 스스로 습득한 것이 공통 관심사를 가진 타인들에 비해 어느 정도 수준에 올라와 있는지 확인하고 싶을 때가 있었다. 밤샘 근무 후 아침에 퇴근하는 입장에서 이동 루트를 포함하여 시간 낭비를 최소화하기 위해 오전 10시부터 시작하는 3시간짜리 강의들을 몇 번 수강하였다. 해당 시간에는 어린 자녀들을 유치원에 보내거나 초등학교 이상의 자녀들이 등교한 후에 짬을 내어 수강하는 주부들이 많았다. 점차 친분을 쌓게 된 주부 중 내가 이미 낙찰 경험을 가지고 있음을 알게 된 후 여러 가지를 물어 오셨는데 가장 많은 질문이 입찰 금액 준비를 위해 적금을 깨는 것을 어떻게 생각하는지에 대한 문의였다.

결론부터 공개하자면 실패 시를 감안하여 적금부터 해약하지 말고, 삼성카드사의 '현금서비스와 카드론'을 권하였는데 듣자마자 거부하는 분이 대부분이었으니 신용도가 떨어지기 때문이라는 공통적인 이유를 들었다. 특히 연배가 있는 분들은 추천 이유를 들을 생각조차 하지 않았는데 후일 연락이 유지되는 동 시기에 수강했던 이들에게 전해 듣기로 삼삼오오 모여 함께 적금 해약 후 입찰들을 몇 번 시도하다 적금 해약 사실을 알게 된 배우자와 대부분

다툼이 있었으며 가정 유지에 자못 심각한 상황에 놓인 분도 있다는 얘기가 들리기도 하였다.

각설하고, 몇몇 분은 그들의 선입견으로 들으려 하지 않았던 추천 이유도 공개하겠다. 추천 이유로 최소 두 가지를 고려하였는데 첫째로 종합 신용도의 하락이 없어야 하고, 둘째로 해당 상품을 일시적으로 이용하고 상환함에 따라 중도상환수수료나 이용수수료가 없어야 한다는 점이다.

우선 우리나라의 신용도 평가와 반영에 대한 상황을 아는 것이 먼저라 할 수 있을 것인데, 신용카드사를 포함한 금융사들은 고객의 신용을 공식 평가하지 않으며 KCB, NICE 평가정보 등의 신용평가사들이 이 역할을 담당한다. 물론 금융서비스를 이용할 경우 신용도 평가에 영향을 주는 것은 사실이나 이는 수신한 서비스를 1일을 초과하여 이용하였을 때 그 내용이 반영된다. 여러 곳의 신용카드사와 은행에서 전화 상담직으로 근무해본 경험으로 당일 서비스를 받고 당일 상환할 경우 대외 신용도에 영향을 미치지 않으며 신용평가사로 바로 이용 데이터 전송을 하지 않는다. 단, 공식적으로 알려진 1, 2금융권의 일부 업체의 상품들을 확인한 것이며 해당 금융권도 전체를 확인한 것은 아니기에 예외적인 부분이 있을 수 있고 3금융권 이하는 다른 기준의 적용을 받을 수 있으니 이용하려면 사전에 이용 업체로 확인이 필수일 것이다.

물론 각 카드사의 한도를 정하는 부서에서는 이용자의 이용 형태를 참고하여 자체적인 내부 등급을 나눌 때 영향을 주는 경우는 있으나 앞서 언급하였듯이 대외적인 종합 신용도 평가는 신용카드 사들이 평가하는 것이 아니기에 그 부분에 영향은 없다. 개인적으로 보유 물건 중 대출을 실행하고 있는 것이 있어 A 신용정보 관리 업체의 유료 서비스를 연간 이용하며 신용도 관리를 하고 있는데, 일정 기간을 두고 반복하여 확인하였지만 역시 몇 개의 카드사에서 당일 이용하고 상환한 금융서비스는 기록되지 않고 신용도에 영향을 주지 않았다.

당연한 이야기겠지만, 현재 시점에 유효한 내용으로 미래 어느 시점에 카드사나 금융기관들 혹은 당국의 정책이나 처리 및 반영 기준 등이 변경될 수 있으니 신용하락의 위험이 없도록 본인이 진행하는 그 시점에 이용할 금융기관으로 확인해야 하는 것은 각 개인의 몫일 것이다.

첫 번째 요건인 종합 신용도의 하락이 없음을 확인하였으니, 두 번째로는 서비스 수수료의 발생을 생각해야 하는데 과거 경매 입찰일이 겹친 물건들의 입찰 금액을 마련하기 위해 필자가 이용하는 삼성카드사와 B 카드사에서 카드론과 현금서비스를 이용하여 경매 입찰에 참여한 적이 있다. 결과적으로 패찰하여 바로 법원의 신한은행에서 계좌 입금 후 상환하였는데 삼성카드는 아무런 수수료 없이 처리 되었으나 B 카드사는 천만 원을 좀 넘는 금액을 이용하였는데 당일 수수료 6,000원 이상이 발생하였다. 콜센터와 싸우며 사용일을 넘겨 버리면 신용도에 영향을 줄 수 있어 우선 상환했다. 그런 후 카드사와 금융감독원으로 민원을 제기하였으나 B 카드사가 눈에 잘 띄지 않는 곳에 '당일 상환 시에도 수수료가 발생할 수 있음'을 표기하여, 잘 안 보이는 위치라 하더라도 고지했다는 명분으로 피해 보상을 받지 못하였다.

스마트폰의 앱App을 통해 공인인증서로 서비스 이용 시 카드론도 상담직원 연결 없이 바로 자동이체계좌로 입금되었기에 B 카드사의 직원으로부터 직접 서비스받은 것이 없었다. 더욱이 2시간 남짓 사용했음에도 하루 치의 수수료를 부과하는 것은 삼성카드사의 경우 당일 내 상환 시 수수료 부담이 없는 것에 비교하여 부당하다 생각했지만 스스로 보지 못한 탓이요, 더는 해당 사를 이용할 필요 없다는 사실 확인의 수업료라 생각하고 더는 이용하지 않고 있다. 이런 상황처럼 금융기관마다 절차나 기준이 다른 경우가 많으니 대출이나 여타의 상품 이용 시 항상 먼저 확인해보는 것이 본인을 위한 길임을 6,000원 넘는 수업료의 경험으로 잊지 말아야 할 것을 당부한다.

참고로 2014년부터 금융권마다 시행한 시기가 다를 수 있으나 '현금서비스=단기카드대출'과 각 카드사에서 이름도 가지가지였던 '카드론=장기카드대출'의 이름이 일원화되었는데, 올해 들어서 확인해 본 몇 군데 금융권은 변경이 완료된 것으로 보아 전체적으로 바뀌었거나 바뀌고 있는 것으로 보이니 이용에 참고하면 좋을 것이다.

배당 제외와 소송,
십 수개월 소모하다

주소 및 진행내역	면적(단위: ㎡) 감정평가 내역	임대차 관계	등기부상의 권리관계
인천광역시 부평구 청천동 A 아파트 ○동 ○층 ○○○호	대지권 5090.6㎡ 중 33.976㎡(10.278평) =72,000,000원	임차인: 김○○ 점유 부분: 주거용 전부	1. 2012.04.12. 소유권 이전 김○○
감정가액 1차 240,000,000원	건물 15층 중 15층 2006.11.15. 사용승인	전입일: 2009.11.30. 확정일: 2009.11.30. 배당요구일: 2013.10.07	2. 2012.04.20. 근저당 하나은행 182,000,000원 3. 2012.04.20. 소유권 이전(매매) 유○○
최저매각가액 168,000,000원	건물면적 84.964㎡ (25.7평) 이용 상태: 주거용 =168,000,000원	배당요구종기일: 2013.11.22. 보증금: 130,000,000원 대항력: 있음	4. 2012.04.26. 소유권 이전 청구권가등기 ㈜대화주류(매매예약) 5. 2013.04.03. 압류 인천광역시 부평구 6. 2013.05.06. 가압류 송○○ 100,000,000원 7. 2013.09.12. 임의경매 하나은행 청구금액: 143,062,815원

　법원 사건기록과 매각물건명세서를 보면 대항력 있는 임차인이 배당금을 수령하면 명도에 문제가 없을 사건으로 보이지만 임차인의 날짜를 유심히 살펴보면 하나은행보다 선순위임을 알 수 있다. 이것이 무슨 문제냐 싶을 수 있지만 보통 은행에서는 임차인이 있으면 그 시기에 이 정도 금액의 대출은 취급 불가인 것을 알고 지나가야 한다.

　지금 배당 요구한 임차인이 소유자의 가족이거나 혹은 위장 임차인이 아닌가 하는 의심을 했었어야 하는 사건으로, 그 실체는 직전 소유자와 임차인은 부모와 자식 간으로서 전세계약이 대체로 인정되지 않는 임차인이었고 따라서 당연히 은행은 배당이의 신청 및 배당이의의 소를 진행하였고 임차인은 배당기일에 배당을 받지 못하였다.

　배당을 받지 못한 임차인은 결국 낙찰자에게는 배당받지 못한 선순위 임차인이니 못 나가겠다고 버티었고 인도명령은 나왔지만, 인도명령에 항고하며 강제집행정지도 신청하여 인도명령 집행을 못 하게 되었다. 항고 결과는 역시 허위 임차인으로 판단하여 다시 인도명령이 나왔지만, 시간 끌기의 고수인지 절차를 너무 잘 아는 임차인인 것인지 다시 대법원에 재항고하고 강제집행정지 신청하였다.

　인도명령은 또다시 집행할 수 없게 되었고 결국 낙찰자는 지난해 6월에 낙찰받았지만 1년 수개월이 지난 시점에 법원의 배당이의 화해권고를 통해 임차인과 은행 간의 금액 조정 건을 양측 모두 수용하였다. 이후에도 디테일한 상황의 드라마가 더 있지만, 결과적으로 임차인에게 명도 받았으나 1년 수개월 간 약 2억 원을 훌쩍 넘긴 금액이 묶여 있었고 임대 수익 등을 올리지 못하였다.

지난해 아파트값이 전체적으로 오름세를 기록하여 현재 해당 아파트 값이 소폭 상승한 것이 그나마 위안거리지만 인근 아파트 시세가 모두 오른 것이고 처음부터 소유했다면 임대료 또한 벌어들인 수익이 있었을 테니 얼마나 오랜 시간과 비용의 낭비가 있었던가?

이기고 지고를 떠나서 사실상 입찰 이전에 판단하여 걸러 내거나 해야 했던 사건이었음에도 아이러니한 것은 입찰자가 꽤 많았다는 것인데, 낙찰이 안 되었던 사람들은 본인들이 운이 아주 좋았었다는 것을 아마도 모를 것이다.

'모르는 것이 약'이라는 말은 경매 시장에서 적용되는 논리가 아니라는 것을 깨닫고, 이전까지 몰랐더라도 이제부터는 앞으로 더 큰 화를 입을 수 있는 상황을 걸러 내고 확률을 낮출 수 있도록 지금부터라도 알기 위해 노력해야 할 것이다.

용도 신고가 다른 건물은
위험해요

주소 및 진행 내역	면적(단위: ㎡) 감정평가 내역	임대차 관계	등기부상의 권리관계
인천광역시 부평구 부평동 S아파트 ○동 ○층 ○○○호	대지권 166.7㎡ 중 19.38㎡ 감정 가격 = 21,000,000원	임차인: 정○○ 점유 부분: 주거용 전부 전입일: 2010.10.18.	1. 2010.08.20. 소유권 이전(매각) 박○○
감정가액 1차 70,000,000원	건물 5층 중 1층 2002.04.19. 사용승인	확정일: 2010.10.18. 배당요구일: 2015.01.26.	2. 2010.08.20. 근저당 감곡새마을금고 52,000,000원
최저매각가액 49,000,000원	건물 면적 49.48㎡(14.968평)	배당요구종기일: 2013.11.11. 보증금: 10,000,000원	3. 2014.12.15. 임의경매 개시결정 감곡새마을금고 청구금액 40,000,000원
	이용 상태: 주거용 감정 가격 = 49,000,000원 건축물대장 상 용도 근린생활시설 (사무소)		

해당 경매사건 물건은 건축물대장등본을 열람하거나 발급받아 보고 현장에 가서 부동산을 확인해보면 건축물대장상 용도와 현황상의 용도가 다른 사건임을 알 수 있는데, 이런 용도가 다르게 등재된 경매 물건에 입찰할 생각이라면 한 번 더 고려해보고 입찰을 하여야 한다.

현장에 가보면 누가 보아도 주거용이고 근린생활시설이라고 볼 수 없는 물건이다.

건축물대장 상의 용도인 근린생활시설이나 사무실로 사용하거나 임대할 예정이 아니라면 주거용으로 사용하다가 이웃 주민과 주차 문제 등으로 마찰이 생길 소지가 다분한 물건이다. 추후 누군가가 구청으로 신고할 경우 드물게 구청 공무원의 단속이 있어서 주거용으로 사용되는 부분이 적발되면 건축물 대장상의 원래 용도로 원상복구 할 때까지 과태료를 받게 될 수 있는 사건이다.

이러한 건물은 누가 왜 짓는 것일까?

각기 다른 사연이 있을 수 있지만 예측할 수 있는 가장 큰 요인은 주차시설 때문일 가능성이 큰데 주거용으로 건축 시 주거용 세대 수에 기준하여 필수적으로 주차할 수 있는 공간을 마련해야 한다. 하지만 일부 세대를 사무실로 용도 등록할 경우 그만큼 주차 대수 확보를 덜 해도 되기 때문으로 대지를 확보하기 어려운 곳의 고육지책일 가능성이 크다. 용도를 사무실로 등록하고 일반 입주민을 받을 경우 자연스레 주차 공간에서 문제가 발생하게 될 것인데, 이미 오래전부터 집은 없어도 차는 있어야 한다는 이들이 많았기에 필연적으로 야기될 수 있는 문제라 할 것이다. 이러한 물건은 차후에 매도하거나 임대를 할 경우에 부동산에서도 꺼리는 물건이고 사실상 거래하기가 쉽지 않은 물건인 것이다.

꼭 입찰하고 싶은 물건이라면 입찰 전 건축과 공무원에게 질의하거나 전문 건축사 사무실을 통해 용도변경이 가능한지 확인을 해보는 방법이 있다. 또는 본인이 어떤 방식으로든 해결할 방법을 알고 있거나 매도나 임대가 어려워져도 수익이 나는 가격대까지 유찰을 기다린 후에 과태료를 내도 수익이 충분히 나는 시점에서 낙찰해야 할 것이다. 이러한 건은 경매시장에서 자주 보이는 상황으로 안전을 논할 수 있는 것이 아니기에 지인이 투자 여부를 묻는다면 입찰하지 않도록 설득할 것이다.

인천 일가족 자살 사건이
전하는 이야기

2014년 11월, 타인의 경매 강의를 관찰하던 어느 날 동기분이 가져온 신문에 인천 일가족의 자살 사건이 다뤄져 있었다.

사건은 2014년 10월 30일 인천의 한 빌라에서 일가족 3명이 생활고에 자살한 사건이었는데 특히나 경매를 공부하던 이들이 주목했던 것은 경찰 수사 중에 드러난 사망한 부부의 명의로 된 아파트들과 빌라들이 무려 15채나 확인되었다는 점이었다.

직장을 그만두고 2007년부터 전업으로 부동산 경매 투자를 하였다고 알려진 부부는 2013년까지 총 15채를 소유하였는데, 2금융권에 9억 원가량의 대출을 받아 이자를 내고 있었다고 한다. 일부 언론에서는 낙찰금의 80%까지 대출을 받아 1,000만 원 정도로 개수를 늘려 왔다고 보도하였다. 경락잔금대출이 낙찰가의 80%와 감정가의 70% 중 낮은 금액으로 지급되는 것이 현재에도 맞고 지금은 거의 정확하게 지켜지지만, 대출시장은 정부의 부동산 정책이나 경기에 따라 다른 대출금을 책정하여 90%나 빌라의 경우 100%에 가까운 금액까지 대출되던 시기도 있었다. 그렇게 무피 투자도 있었을 것이고 명도한 집을 전세로 임대하고 전세 대출금으로 다시 경매에 투자하는 것을 반복했을 가능성이 큰데 지금처럼 은행이 저금리 시대가 아니고 2금융권은 5~7%의 금리였던 시기에도 이용했을 것으로 추정되고 그보다 높은 금리도 있을 수 있겠지만, 부동산 시장이 좋을 때는 모두가 괜찮았을 것이다.

좋을 때는 문제가 없으나 시장 상황이 나빠졌을 때 월 대출상환금은 상당히 큰 부담으로 돌아온다. 언론에서는 2008년의 부동산 경기침체로 집값이 하락하여 보유 주택을 매도하려 하여도 손해를 감수해야 하는 상황이었다는 점을 부각하여 매도가 어려운 것을 설명하였지만 동 시간대를 같은 부동산 경매 시장에서 경험해온 바로는 집값이 다소 하락한 적은 한두 번 정도 있었으나 기간을 통틀어 봤을 때 꾸준히 올랐었다. 물론 부부가 소유한 물건의 위치들이 공개되지 않아 지역 편차는 있을 수 있겠으나, 보유 주택들을 모두 임차했을 테니 매도하여도 대출원금과 임차 보증금을 지불할 여력이 없었을 것이 물건 매도가 불가능했던 사유로 추정된다. 900,000,000원을 연 4% 이자로 원금상환 없는 거치 상품으로 대출받았다고 하더라도 이자 납부만 36,000,000원으로 월 3,000,000원을 납부해야 할 상황이니 부부가 맞벌이하더라도 거치기간이 종료되고 원금상환이 시작되면 답을 찾을 수 없게 되는 상황이었을 것이다. 그 외에도 보유 물건의 개수로 추정해 보건대 물건 취득 시 절세를 위해 임대사업자 등록을 했을 가능성도 있다. 단기임대라도 그 당시는 의무보유 기간이 5년이었으므로 감면받은 취·등록세를 상환해야 하고 천만 단위가 될 수 있는 과태료의 존재도 매도를 못 하게 된 이유 중 하나였을 것으로 추정된다.

이 사건에는 언급되지 않았지만, 이 부부가 소유했던 물건들이 다시 경매로 나왔을 것인데 임차인 중 누군가에게는 내 집 마련의 기회였을 수 있겠지만, 대부분 임차인에게는 잘살고 있던 집이 경매로 넘어가는 군이 인생에서 불필요한 경험의 시간을 겪어야 했을 것이다. 만일 대항력을 갖추지 못한 세대가 있었을 경우 혹은 무지 등의 사유로 정해진 시간 내에 배당신청을 하지 못하여 배당을 못 받은 이들이 있을 경우 그들은 임대보증금을 잃어야 했을 것이니 부디 그런 일은 있지 않았기를 바랄 뿐이다.

이 사건이 전하는 이야기는 매우 명확하다.

무리한 투자로 개수만을 늘리는 데 집중할 경우 대출에 치이게 되는데 물건을 매도할 수도 없는 상황이 올 수 있어 인생의 나쁜 선택을 하게 될 사람은 본인이 될 수 있다는 것을 우선적으로 경고하고 있다. 또한, 직장인이 일을 그만두고 전업투자를 하였을 경우 말 그대로 올인하여 실패할 경우 인생도 함께 실패하게 되는바 본업을 충실히 이행하되 장기적인 보험이자 보너스같이 생각하는 마음가짐으로 주업이 아닌 부업임을 명확히 인지하여 본인의 상황에 맞게 접근해야 오랜 시간 지속적으로 경매 시장에 남아 있을 수 있음을 알리고 있다. 덧붙여 임차인들에게도 뜻하지 않은 시련의 시간을 제공할 수 있는 만큼 월세 수입금액과 대출 상환금액을 정확하게 파악하여 운신할 것을 당부하고 있음을 인지하기를 바란다.

10 주택임대사업자 등록해야 할까요?

경매 낙찰로 보유 주택이 2~3채 혹은 그 이상이 되면 정말 거의 대다수에게 질문받는 경우가 주택임대사업자를 내야 할지 말아야 할지에 대한 조언을 구하는 경우이다.

주택임대사업자라고 대부분 부르고 있지만, 국토교통부가 건축행정시스템인 세움터(www.eais.go.kr)에서 고시하고 있는 정확한 명칭은 기업형 임대사업자, 일반형 임대사업자로 구분하고 있다.

'기업형 임대사업자'는 8년 이상 임대할 목적으로 100호 이상으로서 대통령령으로 정하는 호수 이상의 민간임대주택을 취득하였거나 취득하려는 임대사업자를 말한다(「민간임대주택에 관한 특별법」 제2조 제8호). 쉬운 예로 뉴스테이 사업을 꼽을 수 있는데 이렇든 여러 호수의 주택을 건설해서 임대하거나 매입해서 임대하는 사업자를 말하며 경매 낙찰자와는 별개라고 보면 된다.

'일반형 임대사업자'는 기업형 임대사업자가 아닌 임대사업자로서 1호 이상의 민간임대주택을 취득하였거나 취득하려는 임대사업자를 말한다.(「민간임대주택에 관한 특별법」 제2조 제9호). 즉, 경매 낙찰자는 일반형 임대사업자를 신청할 수 있고 1채만 매입 및 보유해도 등록할 수 있다는 의미이다.

■ 민간임대주택에 관한 특별법 시행규칙 [별지 제1호서식]　　　민원24(www.minwon.go.kr)에서도 신청할 수 있습니다.

임대사업자 등록신청서 ([ ] 기업형, [ ] 일반형)

※[ ]에는 해당되는 곳에 √표를 합니다.　　(앞쪽)

접수번호	접수일자		처리기간	5일

신청인	성명(법인명)	나 리얼	생년월일(법인등록번호)	79**** −
	상호		전화번호	010−
	주소(사무소 소재지)	인천 연수구 송도동		

①민간임대주택의 소재지	②호수 또는 세대수	③민간임대주택의 종류	④민간임대주택의 유형 (건설 또는 매입어부)	⑤민간임대주택의 규모
인천 부평구 부평동	1세대	아파트	단기임대 ( )	59.52㎡
			( )	
합계				

「민간임대주택에 관한 특별법」 제5조제1항 및 같은 법 시행규칙 제2조제1항에 따라 위와 같이 ([ ]기업형, [ ]일반형) 임대사업자 등록을 신청합니다.

　　　　　　　　　　　　　　년　　월　　일

신청인　　　　　　　　　　　(서명 또는 인)

　임대주택은 그 기간에 따라 기업형 임대주택(8년), 준공공임대주택(8년), 단기임대주택(4년)으로 구분할 수 있는데, 흔히 '주택임대사업자'라고 말하는 것은 '일반형 임대사업자'를 지칭하는 것이다. 물건마다 등록할 때 '단기임대'로 등록할 것인지 '준공공임대'로 등록할 것인지는 신고할 때 고르면 되는데 결국 목적은 세금 혜택인만큼 장기로 가져갈 물건이라면 준공공임대가 유리한 측면이 많고, 4년 후의 유동성을 본다면 단기임대로 등록해야 할 것이다.

　각 개인이 어떻게 운용하려는지 자세히 알 수 없는 상황이고 질문을 한 사람도 어떻게 운용하겠다는 생각을 명확히 가지고 있지 않은 경우가 가장 많기에 각기 장단점에 대해 알려주고 본인이 선택하게 하고 있다.

● **주택임대사업자 등록 시 장점**(단: 단기임대/준: 준공공임대, 2016 기준)

1. 취득세 감면

 - 단: 40㎡ 이하 100%, 40~60㎡ 100%, 60~85㎡ 50%

 - 준: 40㎡ 이하 100%, 40~60㎡ 100%, 60~85㎡ 50%

   1) 공동주택 건축 또는 공동주택, 오피스텔을 최초로 분양받

   은 경우에 한정(오피스텔-임차인 현황신고 의무)

   2) 60㎡ 이하: 공동주택, 오피스텔을 취득/60~85㎡: 장기임대

   (8년 이상)를 목적으로 20호 이상 취득 또는 20호 이상 보유

   자가 추가 취득 시

   3) 2018년 12월 31일까지 60㎡ 이하: 취득세 200만 원 이하

   면제, 200만 원 초과 15%(최소 납부)

2. 재산세 감면

 - 단: 40㎡ 이하 50%, 40~60㎡ 50%, 60~85㎡ 25%

 - 준: 40㎡ 이하 100%, 40~60㎡ 75%, 60~85㎡ 50%

   1) 2세대 이상 임대 목적에 직접 사용하기 위해 공동주택 건

   축을 하거나 매입 혹은 주거용 오피스텔을 매입하는 경우

   2) 2018년 12월 31일까지 준공공임대 40㎡ 이하: 재산세 50

   만 원 이하 면제, 50만 원 초과 15%(최소 납부)

3. 양도 소득금액 장기 보유 특별 공제율

 - 단: 주택 보유 기간에 따라 최대 40%(10년) ※ 주택 보유 기간

에 따라 차등적용 3~4년 10%, 4~5년 12%, 5~6년 15%, 6~7년 20%, 7~8년 25%, 8~9년 30%, 9~10년 35%, 10년 이상 40%

  - 준: 최대 70% ※ 10년까지는 단기임대와 같으나 8년 이상 50%, 10년 이상 70%

4. 양도소득세

  - 단: 1년 이상 보유 시 일반세율(6~38%) ※ 1회 이상, 4년 이상 임대

  - 준: 1년 이상 보유 시 일반세율(6~38%) ※ 2017년 12월 31일까지 신규 취득 후 준공공임대 등록 시 양도세 100% 감면

5. 종합부동산세: 단/준 공통 합산 배제

  1) 임대 개시일 당시 기준시가 6억 원 이하(수도권 외 3억 원 이하, 초과 시 합산)

  2) 1호 이상, 4년 이상 임대

  3) 09월 16일~30일 사이 합산배제 신고필요

6. 소득세/법인세 감면

  - 단: 50%

  - 준: 75%

  ※ 기준 시가 3억 원 이하(오피스텔 포함)/3호 이상, 4년 이상 임대

● **주택임대사업자 등록 시 단점**

1. 의무 보유 기간(4년)을 채우지 못하고 매도하게 되면 감면받았던 혜택을 다시 납부해야 하며, 상황에 따라 1,000만 원 이하의 과

태료 부과 ※민간임대주택에 관한 특별법 [시행 2016.9.1.] [법률 제 13782호, 2016.1.19., 타법개정] 제43조(임대의무 기간 및 양도 등) - 다른 주택 임대사업자에게 매도한 경우, 파산부도 그 밖의 경제적 사정 등으로 임대를 계속할 수 없어 매도한 경우 과태료 부과 제외

2. 월세 소득 노출로 인하여 소득세 상승에 따른 건강보험료 상승 및 무소득 피보험자로 가족에게 등록되어 있었을 경우 지역가입자로 전환되고 국민연금 납부 가능성 발생

3. 표준 임대차 계약서 작성만 가능하여 임대인과 임차인의 별도 합의한 특약 등의 게재가 어렵다.

● 결론

양도소득세 다주택자 산정 시 주택 수에서 제외하였었지만, 현재는 양도소득세에서 다주택자 중과세가 폐지된 상태이니 다시 부활하지 아니하는 한 종합부동산세 산정에서 제외되고 재산세 감면이 되는 것이 현재 시점에서의 장점이다. 하지만 의무보유 기간을 지키지 못하였을 경우 과태료 부과 그리고 혜택 추징을 당할 수 있고 보유 기간 지키는 것과 관계없이 소득이 공개된다는 점 자체를 꺼리는 이들이 많다. 건강보험료 상승이나 국민연금을 별도로 납부하게 될 수도 있는 점은 전업주부들에게는 불리함으로 작용한다고 생각하는 이들도 많기에 각자 본인이 처한 상황에 따라서 수지타산을 계산하여 결정하여야 한다.

11

경매 컨설팅 이용,
할까? 말까?

입찰 현장에는 두말할 필요도 없고 경매를 공부하는 중에도 어렵지 않게 여러 군데서 경매 컨설팅 업체의 광고를 접할 수 있는데, 당장 네이버에서 사건번호만 검색하여도 여러 업체의 분석을 포함한 컨설팅 광고를 쉽게 찾을 수 있을 것이다.

경매 입문자 중 처음부터 '무조건 이거다'라고 확신하여 생업을 포기하고 전업으로 모든 시간을 투자하여 집중할 수 있는 이가 과연 있을까? 특히 직장인과 주부라면 현재의 생활을 꾸려나가며 시간을 쪼개어 없던 시간을 만들어 공부해야 하는데 경매에 대해 알아보기 위해 가장 쉽게 접할 수 있는 이 책과 같은 경매 관련 서적을 읽으며 관심도를 가늠하는 것이 대부분의 그 출발점일 것이다.

그렇게 책을 읽어보니 사용되는 단어조차 쉽지 않고, 어렵게 뒷장으로 넘기며 진도를 나가 보지만 제대로 이해한 것인지 확인하기도 쉽지 않아 답답할 때가 많을 것이다. 독학으로 공부한 경우 충분히 습득하였다는 생각으로 입찰에 나서려 해도 막상 권리분석이 잘못되어 '내 돈을 잃을 수 있다'는 생각에 마음이 약해져 법원으로 발이 떨어지지 않거나 최소한의 용기를 내어 입찰에 시도하여도 패찰할 만한 금액으로 입찰하면 당연히 패찰할 것이다. 같은 상황이 반복될 경우 '내 길이 아닌가?' 혹은 '전문가에게 맡기는 것이 좋지 않을까?'라는 생각이 들 수밖에 없는 것이 기정사실이고 현실이라 할 수 있다.

어떤 일을 처리해야 함에 있어 스스로 할 수 없거나 해내기 힘든 상황일 때는 당연히 전문가에게 맡겨서 하는 것이 맞을 것이며 실제로 의뢰비용을 포함하더라도 의뢰자에게 이득이 되는 경우가 있다. 하지만 '그 분야에 알려진 전문가'라는 이유로 의뢰자 스스로는 아무런 지식의 습득이나 탐구 없이 전문가에게 전권 위임하여 의뢰하는 경우에는 좋은 결과만 있는 것은 어느 분야에서도 아닐 것이며 부동산 경매에서도 매한가지이다.

물론 모든 경매컨설팅 업체나 경매컨설팅에 종사하는 이들이 모두 그런 것은 아니지만, 컨설팅 업에 종사하는 이들 중 일부는 낙찰자가 피해를 보는 것에 전혀 관심이 없거나 낙찰에만 눈이 먼 업체 종사자도 있으며 이들을 만났을 때 문제가 발생한다.

경매컨설팅 특성상 낙찰이 되어야 수수료를 받을 수 있기에 시세와 근접한 금액 혹은 시세보다 높은 금액으로 낙찰되게 하는 경우를 적지 않게 볼 수 있다. 공인중개사 업무를 하면 자연히 가장 잘 알게 되는 것이 현재 시세인데 사업장 소재지에서 직접 관할하는 물건들과 인근 유사 건물들이라면 더 말할 필요도 없을 것이다.

　요즈음 들어 스스로 입찰을 위해서 혹은 지인의 입찰에 동행하여 현장에서 제시된 입찰 금액을 볼 때, '아니 왜 저런 가격에 낙찰을 받았을까? 명도비용과 수리비용 등을 감안할 때 차라리 지금 당장 부동산에 가면 동일 물건지에 all 수리 또는 all 수리에 가까운 저렴한 물건도 있는데?'라는 의문을 갖는 경우가 잦아졌다. 아니나 다를까 해당 물건 중의 낙찰자 한 명이 직접 운영 중인 부동산 사무실에 해당 물건의 임대 의뢰를 맡기면서 낙찰자가 목적한 바를 여러 상황으로 종합하여 잘못된 경매컨설팅을 받았음을 알게 되었다. 굳이 해당 상황을 설명할 필요 없이 낙찰자도 여러 부동산에 물건을 내놓으면서 현재 본인이 낙찰받은 건물의 시세가 어느 정도이고 낙찰 가격이 해당 물건의 일반 매매시세와 비교하면 결코 적지 않다는 불편한 진실을 마주하게 되는 순간이었다.

　물론 낙찰자의 입찰 목적이 실제 거주하고자 하는 목적인지 혹은 낙찰 후에 월세 수익을 기대한 임대사업 목적인지 등에 따라서 다르게 볼 여지는 항상 있다. 하지만 목적에 부응하지 못하는 이러한 상황은 대부분 공통적으로 '컨설팅에 맡기면 뭐 알아서 잘해주겠지?'라는 막연한 기대 심리만 가지고 정작 의뢰자는 이후에는 더 이상 신경 쓰지 않을 때 빈번하게 발생하는 경우가 대다수였다.

　안전 경매를 주제로 작성하다 보니 안전하지 않은 케이스에 대해 언급하지 않을 수 없어 부정적으로만 보였을 수 있는데, 컨설팅을 맡기는 것이 무조건 고액으로 낙찰받고 손실이 발생한다는 것은 아니다. 수익이 발생할 수 있는 구간에서 낙찰받아 컨설팅 수수료를 부담하더라도 서로가 윈-윈 하는 아름다운 상황도 많이 보았다.

하지만 그러한 상황은 스스로 준비하지 않으면 쉽게 맞이할 수 있는 상황은 아닐 것이다. 부동산 경매나 부동산 자체에 대한 최소한의 지식을 쌓아 컨설팅 과정에도 지속적으로 참여하는 등의 노력이 있어야 피해 보는 컨설팅을 피할 확률을 줄이고 서로 웃으며 마무리할 수 있는 확률이 높아지는 것이다.

경매로 낙찰받을 수 있다면 수수료가 들더라도 무조건 싸게 살 수 있을 것이라는 막연한 믿음은 금물이다. 덧붙여 빨리 낙찰받고자 하는 마음으로 접근할 경우 사전 고려한 수익에 비해 현저히 낮은 수익이나 오히려 피해가 발생하는 상황을 마주할 확률이 높아지므로 컨설팅을 이용하여 경매하고자 할 때도 본인이 입찰하는 것만큼의 심사숙고가 필요함을 잊지 않기를 바란다.

평일 오전 11시 15분까지 입찰해야 하는 부동산 경매에 있어 직장인이라면 매번 연·월차를 사용할 수 없음을 같은 직장인으로서 잘 알고 있다. 컨설팅을 이용하는 것은 각자 정할 바이지만 어차피 이용해야 하는 상황에 있는 이들도 있을 것이기에 안전 경매를 위한 최소한의 이용 가이드라인을 제시하고자 한다.

우선 스스로 틈틈이 부동산 관련 공부와 법원 경매 관련 지식을 습득하여 예상 수익 구간을 요청하거나, 명도 과정에서 이사비용 상한선을 정하는 등의 방식으로 제한적 컨설팅을 요청하는 것이 안전을 위한 최선에 가까운 이용 형태일 것이라 생각한다.

더불어 간혹 몇몇 업체는 수수료를 타 업체에 비해 저렴하게 제

시하여 계약을 우선하고, 차후 등기 비용 등을 일반적인 업체 비용
보다 과다 청구하여 사실상 과다 수수료를 부담시키는 경우도 있
으니 컨설팅 계약 전에 수수료, 명도비용, 등기비용 등을 반드시 알
아본 후 진행하여야 의미 있는 컨설팅 이용의 좋은 예시가 될 것
이라는 점을 전하고 싶다.

주부와
직장인을 위한
99%
안전 경매

Chapter 2

경매는
대부분 이런 식이지

채권자의 경매신청

↓

경매개시결정

↓

경매개시결정정본의 송달

↓

매각준비

(배당요구종기 결정, 공고, 현황조사, 최저매각가격 결정, 채권, 공과금신고 최고)

↓

배당요구 종기

↓

매각물건 명세서 작성, 비치

↓

매각기일 지정, 공고, 통지

주부와 직장인을 위한
99% 안전 경매

↓

매각기일 실시

↓

매각결정기일

↓

매각허부결정의 선고

↓

대금지급기한 지정, 통지, 납부

↓

배당기일의 지정, 통지, 최고

↓

배당기일, 배당표 확정, 배당실시

임의경매와 강제경매,
뭣이 중헌디!

흔히 어떤 상황에 대한 각자의 입장이나 설명에 대해 느끼는 바가 다르다는 것을 빗대어 사용하는 말로 '아' 다르고 '어' 다르다는 말을 많이 들어 봤을 것이다. '아'와 '어'로 대비되는 어떤 설명에 대해 듣는 사람이 느끼는 바가 다르다는 것을 의미하지만 가장 중요한 핵심은 결과가 바뀌지 않는 것은 아닐까?

경매에서 가장 많이 보이는 것이 임의경매이고, 그다음으로 많이 보이는 것이 강제경매인데, 과정이야 어찌 되었든 공통적인 결과는 경매개시결정이 내려졌고 관할 법원에 의해 경매로 매각절차를 밟게 되었기에 그 때문에 경매 물건으로 검색되어 입찰자의 눈에 띈 것이다.

그런데도 이 내용을 언급하는 것은 각기 독립적인 것이 아니라 물건 검색과 입찰 금액을 결정하고 명도에 이르기까지 모든 과정이 연결되어 있기 때문이다.

인천으로 이주할 생각으로 서울과 지하철 출퇴근 거리가 가까운 부평구와 계양구의 아파트들을 집중적으로 임장하던 때가 있었는데 효성동의 한 동짜리 주상복합 아파트인 대산 아파트가 물건으로 나와 임장해 보니 깨끗하긴 하지만, 1층에 도로변과 인접한 상가들이 있는 한 동짜리 아파트로 재건축 기대를 하기 어려워 투자 가치를 배제한 실거주 목적으로만 고민하였다. 1억8,000만 원 상당의 감정가인 아파트에 경매개시결정이 내려진 채권 금액은 1,400만 원 여의 적은 금액이었다. 이런 물건은 경매일 이전 보통 3개월 이상 분의 이자를 선납하거나 금액을 상환하여 경매 당일에 진행되지 않는 경우도 많아 별 신경 쓰지 않고 있었는데 아니나 다를까 해당 일에 경매가 진행되지 않았다.

이 사례와 같이 임의경매는 (근)저당권, (전체를 임차한)전세권, 담보가등기 등의 담보권을 통하여 별도의 소송 절차 없이 경매를 임의로 진행할 수 있고, 이는 진행이 쉬운 만큼 연기나 취하도 생각보다 쉽다는 것을 보여주었다. 이런 물건에 정성과 마음을 다하다 경매 자체가 취소되면 상대적 박탈감이 클 수 있는 만큼 마음까지 안전한 경매를 위해서는 물건 검색과 권리 분석 시 걸러 낼 수 있는 지식이 필요하다.

반대로 강제 경매는 채권자가 경매 개시 전 소송을 통하여 승소 판결을 받아 판결문이나 지급명령 결정정본 등 법에 의해 강제력이 있는 집행권원을 통해 공신력을 갖추고 진행되는 경매이다. 이미 장시간에 걸쳐 소송이나 지급명령 등으로 진행된 경매로 채권자와 채무자 간에 이미 감정의 골이 어느 정도 깊어진 상황이어서 쉽게 취하되거나 취소되는 확률이 임의경매보다 월등히 적은 편이다.

참고로 임의경매는 낙찰되었더라도 잔금 완납 전까지 채무자가 은행에 협의된 원금과 이자의 납입 혹은 추가 협의된 일정 개월 수의 이자만을 납입하거나 채무를 완제하면 취소되는 경우가 강제경매보다 매우 수월한 편이니 입찰 시 참고하면 좋겠다.

경매 물건
정보는 어디서 찾지?

경매에 임하는 마음을 다잡았으면 이제 경매에 나온 물건 중에 본인의 목적에 부합하는 물건을 찾아야 한다.

부동산 경매에 입문할 것인지 가늠하는 단계라면 법원경매정보의 경우 한눈에 들어오는 정보들이 아니어서 내용 파악은커녕 물건 검색도 어렵게 느껴지고, 유료 경매정보 사이트들의 결제를 바로 하고자 결정하기도 어려울 것이다. 최대한 한눈에 보기 쉽고, 비용 부담 없이 어느 지역의 어떤 경매 물건들이 현재 진행 중인지 알아보는 가장 쉬운 접근 방법은 포털 사이트의 부동산 경매 섹션이다.

아마도 대부분은 국내 1, 2위 포털 업체인 네이버와 다음의 아이디를 가지고 있을 것이기에 추가 가입절차도 필요하지 않으니 그야말로 일석이조라 할 수 있는데, 해당 포털 사이트들의 부동산-경매 섹션에서 제공하는 형태가 사뭇 달라 취향에 맞는 선택을 해야 한다.

	네이버	다음
표시 형태	텍스트 위주 목록 형	위치, 사진 포함 지도형
제공 업체	굿옥션	부동산 태인
무료 열람	월 3회/ID	월 3회/ID
장점	시·도/구·군/읍·면·동 단위 매물의 세분화된 지역검색 가능	리스트에서 사진 확인 가능 상대적으로 더 많은 정보 오픈

네이버는 굿옥션의 콘텐츠를 연동하여 서비스하고 있으며, 텍스트 기반의 리스트 형태로 한 번에 많은 개수를 시·도, 구·군, 읍·면·동 단위로 세분화하여 일목요연하게 볼 수 있지만, 사진이나 위치는 직접 해당 물건을 클릭하여 게시물로 진입하여 지도 버튼을 클릭해야 정확한 위치를 파악하기 쉽다.

다음은 부동산태인의 콘텐츠를 연동하여 서비스하고 있으며, 지도 기반의 서비스로 해당 물건지의 위치를 한 번에 알 수 있으며 리스트에 작지만, 대표 사진을 표시하고 있고 신건·유찰·진행·변경 등 경매진행 형태에 따른 정렬방식을 사용하고 있으니 각자 취향에 맞는 것을 이용하면 될 것이다.

그다음은 디테일한 정보를 한눈에 찾아볼 수 있는 지지옥션, 굿옥션 등의 유료 경매정보 사이트가 있는데, 과거 일정 기간 동일 물건지 혹은 인근 물건지의 낙찰 데이터를 보유하고 있어 낙찰 사례 비교에 쉬우며 자체적으로 물건을 평가하는 코멘트를 기재하기도 하는 등 이용이 쉬운 편이지만 비용이 적지 않다. 또한, 경매사건이 진행됨에 따라 수시로 변동할 수 있는 변수들에 대해 매각물건명세서상의 업데이트가 없거나 느리다는 점이 큰 단점이라 할 수 있는데, 해당 경매정보 사이트에서도 언제 시점의 정보이며 현재 시점과 차이가 있을 수 있으니 입찰 전 반드시 확인 후 입찰하라는 고지가 되어 있다. 이는 입찰 전 확인 안 하고 진행하였다가 손실을 보아도 책임을 지지 않는다는 것의 고지이기도 하니 글씨가 작아서 혹은 어떤 사유로든 해당 내용을 못 봤다 하더라도 본인의 책임으로 보상이 불가능하다는 점을 잊지 말아야 한다.

그 밖에 경매 컨설팅 업체들이 자신들의 영업에 활용하고자 만들어 오픈해 둔 사이트들도 있는데 유료 경매정보 사이트에 비하여 업데이트 속도는 더디지만, 유료에 준하는 정보들을 게시하고 있는 곳도 있는 만큼 각 개인에 성향에 따른 선택을 하면 될 것이다.

상기의 내용이 선택지라고 한다면 이제부터 설명할 국가에서 운영하는 대한민국법원 법원경매정보(http://www.courtauction.go.kr/) 사이트의 내용은 필수 검색이다. 경매사건은 그 신청 시점으로부터 낙찰 시점까지 이해관계인들의 움직임으로 시시각각까지는 아니더라도 세부 내용이 변할 수 있는 유동성이 크다. 그러나 이 전의 경매정보 사이트 등은 워낙 많은 경매 물건의 정보를 취급하고 있어 매 사건의 변동 내역을 발 빠르게 업데이트하는 대처가 쉽지 않음을 인지해야 한다. 1차 경매일 전에 공개된 매각물건명세서를 갈무리하여 제공하는 것이 대부분이어서 그 이후 매각물건명세서가 수정 된 중요 사항이 있어도 그 내역을 반영하지 않는 것이 거의 전체에 가깝다. 해당 경매정보 사이트는 해당 정보가 언제 기준의 정보이며 현재 시점과 차이가 있을 수 있으니 입찰 전 반드시 확인하라고 기재해 두고 있는데, 입찰 전 그 문서를 다시 확인하라는 것이 아닌 법원경매정보를 확인하라는 의미이고 확인 없이 이전 시점의 정보만 보고 투자하다 손실이 발생해도 책임이지 않겠다는 의미이다.

또 한 가지 알아두어야 할 사항으로 경매정보 사이트는 그 정보의 구성을 보기 좋게 만들어 판매를 통한 이익 실현 혹은 컨설팅 수주를 통한 이익 실현이 목적이라 사건의 검색이 간단 용이하고 비교적 한눈에 들어오게 잘 만들어두었으나, 법원경매정보 사이트는 사건에 대해 고시하고 필요한 정보를 제공하기 위함이지 그것을 팔기 위함이 아니기에 정보 검색이 유료 경매정보 사이트들의 사용자 편의성에는 미치지 못한다. 특히 사건 검색에 있어 사건번호를 알고 있어도 해당 법원을 선택해야만 조회할 수 있고, 조회 시점으로부터 15일 이내 사건들에 대해서만 가능하다. 매각물건명세서의 경우는 상시 열람이 아닌 경매입찰일 7일 전부터 볼 수 있고 관심 가졌던 지나간 경매는 별도 메뉴에서 검색해야 하는 등의 불편이 있으나 이용자 스스로 적응하면 큰 문제가 되지는 않을 것이다.

권리 분석은
왜 하는 것인가?

　　　　　부동산 매매나 경매로 부동산을 구입하려고 할 때 부동산의 권리분석이 필요하다고들 하는데, 권리분석은 왜 하는 것인지 간단히 말하면 결론은 항상 같으며 안전한 부동산 거래를 통하여 본인의 자본을 지키기 위함이다. 예상하지 못한 권리로 인한 경제적 불이익을 사전에 서류상 검토를 통해 먼저 점검하는 것인데, 경매 절차로 보자면 낙찰 후 안전하게 해당 물건을 취득하기 위함이라 할 수 있다.

부동산 거래를 하면서 발생할 수 있는 법률적 하자로는 대체로 권리 자체를 취득하는 것이 불가능한 경우이거나, 본인이 예상하지 못한 인수해야 할 임대차 등의 권리가 있는 경우가 있다. 또한, 인수할 권리 등으로 인하여 실사용을 목적으로 입찰하였으나 원하는 시점에 사용을 못 하게 되는 경우도 있고, 해당 물건으로 인하여 공공기관에서 예상하지 못한 과태료나 벌금의 대상이 되는 경우를 대표적으로 들 수 있다.

실제 사용을 하는 경우이건 임대 투자를 통해 월세 수익 실현의 목적이건 간에 반드시 예방해야 하는 하자들이 있기에 필수적으로 알아야 하는 부분이다.

권리분석을 하려면 우선 부동산의 서류들에는 무엇이 있는지 알아야 하는데, 해당 부동산의 탄생했을 때부터 현재까지의 권리관계를 말해주는 등기부등본과 부동산의 사실상 상태를 말해주는 건축물대장, 토지대장 등이 있다. 부동산거래를 하려는 사람이고 특히 경매 투자를 하려는 사람이라면 등기부등본상의 권리관계를 분석하는 법을 완전히 익혀야 하며, 명확히 파악되지 않는 권리관계가 있다면 입찰하지 말고 반드시 짚고 넘어가야 한다. 단 한 번의 '괜찮겠지'라는 생각으로 간과한 권리관계가 치명타가 되어서 돌아올 수가 있다. 특히 등기부상으로는 가등기나 가처분, 지상권 등 흔하게 접하지 못하는 권리분석은 조심해서 짚고 넘어가야 한다.

권리분석을 하면서 가장 많이 접하는 권리관계는 임대차, 전세, 저당권, 압류나 가압류와 관련된 권리관계이다. 이들 권리관계는 당연하게도 정확히 알고 있어야 하며 알고 있는 만큼 본인의 돈을 불안전한 부동산 거래나 경매 절차에서 지킬 수 있다. 모르거나 잘못 알고 있으면 예상하지 못한 권리들을 인수하며 해당 부동산을 취득해야 하는데 누구라도 본인이 예상하지 못한 손해를 떠안고 가고 싶은 사람은 없을 것이다. 또한, 권리분석을 통하여 현재의 권리관계뿐 아니라 경매에서는 채무자, 임차인, 채권자들이 향후 배당이나 낙찰 이후 어떻게 나올 것이고 거기에 어떻게 대처할 것인지 예상하여 준비할 수 있는 지침이 될 수 있기에 경매투자에서는 반드시 필요하다.

이처럼 낙찰자에게 향후 해당 부동산의 사용이나 수익에 직결되는 사항이기 때문에 내용을 권리분석의 중요성은 아무리 강조해도 지나치지 않다고 생각한다.

경매투자에서 권리분석의 승패(안전하게 소유권을 취득할 수 있는지의 여부)는 이미 입찰하기 전에 거의 결정이 나 있기 마련이기에 본인이 입찰하는 물건의 낙찰 시 승패가 예상되지 않으면 이미 실패한 것이나 다름없다. 꼭 알아야 할 것들을 전부 체크해 권리관계를 명확히 파악하여 입찰해야 하며, 예상 명도 과정과 수익을 내는 방향, 마지막으로 매도하고 이 부동산과 이별하는 순간까지 예측해놓고 입찰해야 한다. 아는지 모르는지 헷갈리는 상황에서 들어가면 운이 좋아 몇 번은 승리하고 어느 정도의 수익을 낼 수 있을지 모르나, 한 번에 많은 것을 내놓아야 하는 상황에 직면할 수 있다는 것을 잊지 않기를 바란다.

한편 권리분석 외에 물건을 판가름하는 데 참고될 수 있는 물건분석이 있는데 이는 현재 부동산의 물건 그 자체의 하자나 수익 정도 혹은 실제 활용도를 가늠하거나 앞으로의 예상 수익선이나 활용도를 가늠해보는 것이라고 할 수 있겠다. 그러나 사용하는 이의 목적에 따라 동일한 물건이라도 그 가치가 상반될 수 있는 변수가

너무도 다양하여 언급하기 쉽지 않다.

본인이 서울에서 인천으로 이사를 생각하며 현재의 단점을 보완하기 위한 집을 집중적으로 찾았다. 어머니의 경우 주변에 높게 재건축한 빌라들로 인하여 햇볕이 잘 들지 않는 음지와 약간의 하늘만이 보이는 조망이 부족한 것이 문제였고 무덤덤한 아들들은 병렬식으로 구성된 주차장으로 인한 휴일이나 저녁 시간 차량 이동 트러블이 주된 문제였다.

계양구 계산동에 경인교대역과 계산역 사이에 위치한 4년 된 빌라가 1회 유찰된 물건으로 경매에 나와 있어 임장해 보니 개별 주차로 주차 트러블은 없어 보였으나 2층이고 건물 안쪽인 데다 거실과 큰방 창문 측으로 다른 빌라들이 있어 조망과 햇빛이 잘 들지 않는 물건이었다. 아들들의 기준에서 보자면 주차문제가 해결된 좋은 집이지만 어머니 기준에서 보자면 햇빛이 동일하게 잘 들지 않고 조망은 더 나빠진 상황이라 입찰을 포기하였다.

이와 같이 물건이 동일하더라도 해당 물건에 거주하게 될 가족 구성원들 간에도 그 목적이 각기 다를 수 있음이 물건분석을 쉽게 언급하기 어려운 점이다. 입찰자로서는 입찰 물건의 목적을 주차, 층수, 세대수, 조망, 일조권 등의 여러 항목으로 세분화하여 필수 항목을 정하고 그것을 포함한 많은 항목이 적용된 물건을 고르는 등의 솔로몬의 지혜가 필요할 것이다.

05

등기사항증명서만 제대로 알면
물건이 보인다!

　　　　　　　　　과거 등기부 등본이라고 불렸던 것이 등기사
항증명서로 명칭이 변경된 것으로 해당 물건의 역사를 알 수 있는
자료라 할 수 있다. 이는 굳이 등기소를 직접 방문하지 않더라도

단순 열람은 로그인 후 열람하기 통해서 확인 및 출력이 가능하다

대법원 인터넷등기소(www.iros.go.kr)에서 손쉽게 확인 및 출력을 할 수 있다. 현재 시점에 단순 열람은 700원이며, 관공서 등에 제출할 필요가 있는 법적 효력이 있는 용도의 발급은 1,000원의 수수료가 있다. 열람용으로 결제한 건은 1시간 이내에 무제한으로 다시 열람이 가능하다.

대상 물건을 찾는 방법은 간편 검색, 소재 지번으로 찾기, 도로명주소로 찾기, 고유번호로 찾기, 지도로 찾기 등의 여러 가지 방법을 제공하고 있다. 확인하고자 하는 등기 물건의 일부 정보가 있다면 찾는 데 어려움이 없어 이후 자세한 세부 발급 방법의 내용은 지면의 한정성으로 카페 글을 통해 공개하고 있다.

등기사항증명서는 표제부와 갑구, 을구로 구성되어 있는데, 표제부는 사람으로 보면 신상 정보라 할 수 있는 해당 물건의 소재 지번, 건물명칭 및 번호, 지목, 건물의 내역(층수, 면적 등), 대지권 등의 정보를 확인할 수 있다.

등기사항전부증명서(말소사항 포함) - 집합건물

[집합건물] 인천광역시 부평구 부평동 ▨▨▨ 고유번호 1242-▨▨▨

【 표 제 부 】 (1동의 건물의 표시)

표시번호	접 수	소재지번,건물명칭 및 번호	건 물 내 역	등기원인 및 기타사항
1	2014년7월24일	인천광역시 부평구 부평동 ▨▨▨ [도로명주소] 인천광역시 부평구 ▨▨▨	철근콘크리트구조 철근콘크리트,슬라브지붕 14층 공동주택,업무시설 지하1층 159.77㎡ 1층 87.72㎡ 2층 273.92㎡ 3층 273.92㎡ 4층 273.92㎡ 5층 208.08㎡ 6층 208.08㎡ 7층 208.08㎡ 8층 208.08㎡ 9층 208.08㎡ 10층 208.08㎡ 11층 120.48㎡ 12층 120.48㎡ 13층 120.2㎡ 14층 97.8㎡	

(대지권의 목적인 토지의 표시)

표시번호	소 재 지 번	지 목	면 적	등기원인 및 기타사항
1	1. 인천광역시 부평구 부평동 ▨▨	대	366.8㎡	2014년7월24일 등기

열람일시 : 2016년10월29일 14시09분13초

1/4

[집합건물] 인천광역시 부평구 부평동 　　　　　　　　　　　　　　　　　　　고유번호 1242-　　　　　

【 　표　　　재　　　부　 】	（ 전유부분의 건물의 표시 ）			
표시번호	접　수	건물번호	건물내역	등기원인 및 기타사항
1	2014년7월24일		철근콘크리트구조　48.62㎡	

	（ 대지권의 표시 ）		
표시번호	대지권종류	대지권비율	등기원인 및 기타사항
1	1 소유권대지권	366.8분의 8.27	2014년7월23일 대지권 2014년7월24일 등기
2			별도등기 있음 1토지(을구 4번 근저당권설정등기) 2014년7월24일 등기
3			별도등기말소 2014년8월20일 등기

【 　갑　　　구　 】	（ 소유권에 관한 사항 ）			
순위번호	등 기 목 적	접　수	등 기 원 인	권 리 자 및 기 타 사 항
1	소유권보존	2014년7월24일 제50994호		소유자　　　　　　　＊＊＊＊＊＊＊ 　　　　　　　　　　　　　　　　　　
2	소유권이전	2014년8월20일 제57283호	2014년7월13일 매매	소유자　　　　　　　　　　　　　　

열람일시 : 2016년10월29일　14시09분13초

[집합건물] 인천광역시 부평구 부평동 　　　　　　　　　　　　　　　　　　　고유번호 1242-　　　　　

순위번호	등 기 목 적	접　수	등 기 원 인	권 리 자 및 기 타 사 항
2-1	2번등기명의인표시경정	2016년7월29일 제246688호	2014년8월20일 신청착오	
3	소유권이전	2016년7월29일 제246689호	2016년6월21일 매매	소유자　　　　　　　　　　　　 　　　　　　　　　　　　　　
4	소유권이전	2016년9월28일 제338349호	2016년9월6일 매매	소유자　　　　　　　　　　　

【 　을　　　구　 】	（ 소유권 이외의 권리에 관한 사항 ）			
순위번호	등 기 목 적	접　수	등 기 원 인	권 리 자 및 기 타 사 항
1	근저당권설정	2014년8월20일 제57284호	2014년8월20일 설정계약	채권최고액　금93,600,000원 　　　　　　　　　　　　　　 　　　　　　　　　　　　　　
2	1번근저당권설정등기말소	2016년7월29일 제244271호	2016년7월29일 해지	

열람일시 : 2016년10월29일　14시09분13초

갑구는 해당 등기물건의 소유권에 관한 사항을 기록하고 있다. 등기된 날짜 순서대로 순위번호가 매겨지며 상단의 예제와 같은 등기명의인표시정정 등의 상황이 있을 때는 정정 전의 잘못된 정보는 사진처럼 글자 가운데 빨간 줄을 그어 표기하기도 한다.

[집합건물] 인천광역시 부평구 부평동   고유번호 1242-

순위번호	등 기 목 적	접 수	등 기 원 인	권 리 자 및 기 타 사 항
3	근저당권설정	2016년7월29일 제246690호	2016년7월29일 설정계약	채권최고액 금109,200,000원
4	근저당권설정	2016년9월28일 제338350호	2016년9월28일 설정계약	채권최고액 금120,000,000원
5	3번근저당권설정등기말소	2016년9월29일 제340539호	2016년9월29일 해지	

-- 이 하 여 백 --

관할등기소 인천지방법원 등기국

* 본 등기사항증명서는 열람용이므로 출력하신 등기사항증명서는 법적인 효력이 없습니다.
* 실선으로 그어진 부분은 말소사항을 표시함. * 등기기록에 기록된 사항이 없는 갑구 또는 을구는 생략함. * 증명서는 컬러 또는 흑백으로 출력 가능함.
열람일시 : 2016년10월29일 14시09분13초

4/4

을구는 소유권 이외의 권리 사항에 대해 표시가 되는데 대표적으로 근저당권의 설정과 말소를 들 수 있겠다.

앞서 갑구와 마찬가지로 등기된 날짜 순서대로 좌측에 순위번호를 표시하며 설정과 말소 사항에 대하여 각각 등기한다. 말소된 권리는 마찬가지로 글자 가운데 빨간 줄을 그어 해당 권리의 등기가 말소되었음을 표시하는데, 상기 을구 5번의 등기목적 칸에 기록된 것처럼 몇 번 등기의 권리가 말소된 것이라고 명시한다.

비교적 권리관계가 단순한 것들은 한눈에 파악하기 쉽지만, 역사가 오래되고 사건이 많이 기록될수록 등기사항증명서를 확인하는데 한 눈에 들어오지도 않을 것이고 설정된 권리관계 파악이 쉽지 않을 것이다. 그때는 가장 단순명료한 방법으로 갑구와 을구의 살아있는 말소되지 않은 권리들의 등기 날짜를 순서대로 나열해 보면 말소 기준이 될 권리가 어떤 것인지, 소멸하지 않는 권리가 있지는 않은지 파악하기 쉽다.

말소기준권리,
그건 어디?

부동산 경매에 대해 관심을 가진 사람이라면 분명 '말소기준권리'에 대해 들어보았을 것이며, 권리분석을 위해서 가장 먼저 말소기준권리를 찾는 일부터 시작해야 한다는 것도 들어보았을 것이다.

말소기준권리라는 것은 경매 절차에서 낙찰로 인하여 소유권이 이전되는 시점에 기존 권리들이 말소되어 사라지는지, 혹은 유지되어 낙찰자에게 인수되는지 가늠하는 기준이 되는 권리이다. 임차인(전세권자 포함)이 있는 물건에 입찰하는 이에게 있어서 계속해서 그 부동산에 거주하거나 영업을 할 수 있는 권리가 있는 지의 여부를 판단하는 기준이 되는 권리이기 때문에 권리분석 작업에 있어 핵심 사안이라 해도 과언이 아니다. 낙찰자가 사용하고자 하거나 임대 수익을 위하여 낙찰받았으나 기존 임차인이 계속해서 이용할 수 있고 낙찰자는 사용할 수 없는 부동산이라면 실패한 거래일 것이니 두말할 필요도 없이 정확한 분석을 토대로 입찰하여야 한다.

말소기준 권리가 되는 것에는 경매개시결정등기, ㈜저당, ㈎압류, 가등기 등이 있고 예외적으로 전세권도 말소기준권리가 될 수 있는 경우가 있다. 말소기준권리의 날짜보다 앞서는 임차인, 전세권, 지상권, 지역권, 등기된 임차권, 가등기, 가처분, 환매등기 등은 경매 낙찰로 인하여 소멸하지 않는다. 반면에 말소기준권리보다 늦은 권리들은 소멸하게 되어있으니 등기부등본상에 등재된 각 권리의 날짜를 확인하여 말소기준권리보다 앞서는 권리가 있다면 입찰하지 말거나, 앞서는 권리를 인수하여도 수익이 충분히 예상되는 시점까지 유찰을 지켜보다가 입찰해야 예상하지 못한 재산 피해를 보지 않을 수가 있다. 참고로 전세권의 경우는 말소기준권리보다 뒤에 있으면 말소됨이 원칙이지만 선순위 전세권의 경우는 인수됨이 원칙이나 경매신청을 한 전세권자거나 배당 요구한 전세권자의 경우에는 소멸되는 권리에 해당한다.

한편 말소기준권리와 관계없이 법정지상권이나 유치권이 성립하는 경우는 말소기준권리에 앞에 있거나 뒤에 있거나 관계없이 소멸되는 것이 원칙이 아니다. 유치권이나 법정지상권 그 자체의 성립 여부를 판례 등을 확인하여 정확히 파악하여 입찰해야 하고 의심 가는 부분이 있다면 확인될 때까지는 입찰을 보류해야 한다. 본인의 계획된 방향으로 흘러가지 않을 수 있고 아주 작은 실수나 잘못된 지식으로 본인의 재산에 피해를 볼 수 있는 만큼 유의해야 한다.

대항 요건과 대항력의
은밀한 관계

굳이 경매를 논하지 않아도 임차인 생활을 해 본 분들이라면 임차 시 확정일자를 반드시 받아두어야 뒤탈이 적다는 등의 이야기를 들어 본 적이 있을 것이다. 이는 대항력에 관한 것으로 쉽게 말해 임차인이 보증금을 지킬 수 있는 권리에 대한 이야기다.

임차인이 있는 경매물건이라면 당연히 그 임차인의 보증금이 어떻게 처리되는지 혹은 경매 낙찰로 물건 주인이 바뀐 상황에서 임차인이 계속 거주할 권리가 있는지가 해당 물건을 낙찰 후 운용할 계획을 가진 입찰자에게 상당히 중요한 상황일 것이다. 이러한 임차인의 권리를 대항력이라 하고, 이 대항력의 유/무에 따라 향후 명도를 할 경우에 그 난이도와 명도 비용까지 영향을 미치는바 정확하게 이해해야 할 요소인 것이다.

임차인의 대항력은 어떻게 생길까?

그것은 대항 요건을 충족하는 것으로부터 준비되는 데 어려운 말로 전입신고와 물건에 대한 점유로 발생하게 된다. 쉽게 설명하면 임차한 해당 주택에 이사 한 후에 물건소재지의 주민 센터(구 동사무소)에 이사 왔다고 신고하면 그 다음 날 0시를 기준하여 갖추게 된다. 그런데 이사한 날에 너무 바빠서 전입신고를 뒤에 했다면 전입신고 한 다음 날 대항 요건을 갖추게 되는 것인데 두 가지 요건을 모두 갖추어야 대항요건을 갖춘 것이다. 다만 서두에 확정일자를 언급하였다고 해서 혼동하면 안 되는 것이 전입신고를 하면 확정일자가 자동으로 생긴다고 여기면 안 될 것이고, 확정일자가 없으면 대항력이 없다고 오판하면 안 되는 것이다.

여담으로 과거 부평구 청천1동의 물건에 대하여 초기 문의 시 예상 산정된 대출 금액보다 많이 받을 수 있는 방법이 없는지 법무사를 통해 알아보았는데 더 많은 대출금의 실행을 위하여 은행에서 해당 주소지에 최소 한 달간 전입신고를 유지하도록 요구한 적이 있었다. 대출은 해야겠고 마침 이사철을 넘긴 초겨울에 셀프 인테리어에 심취하여 그 기간 동안 내부 수리나 해야겠다 싶어 물건 주소지 인근에 볼일 보러 갔다가 전입신고 처리를 하고자 청천1동 주민 센터를 방문하여 전입신고 한 경험이 있다. 전입하여 주민이 된 것을 축하한다고 문자 보내주었는데 그때는 별 감흥이 없었으나 부평동으로 가족이 이사 와서 전입신고를 인터넷으로 했더니 문자가 없어 무언가 좀 섭섭했던 생각이 문득 떠오른다.

이렇듯 공인인증서만 있다면 이사 당일이라도 민원24(www.minwon.go.kr)사이트를 통해 별도 비용 없이 손쉽게 전입신고를 할 수 있다.

위에 여담으로 언급한 대출 실행을 위해 기존 주소지에서 전출하였다가 기존 주소지로 재 전입하는 경우 기존에 갖춘 대항 요건은 전출을 하게 됨으로써 소멸하고, 재 전입한 다음 날 0시에 다시 요건을 갖춘 것으로 기록된다. 피하지 못할 사정으로 전출 후 다음 날 전입신고를 다시 했다 한들 소급 적용하여 기존 대항 요건을 갖춘 일자가 유지 된다거나 하는 것이 아님을 알아야 한다.

대항 요건을 갖추면 무조건 대항력으로 보증금을 보호 받을 수 있을까?

대항 요건은 대항력을 갖추기 위한 최소한의 요건일 뿐이고, 실제 보증금을 보호받을 대항력은 해당 물건의 등기사항증명서 상의 대항요건을 갖춘 일자보다 앞선 순위의 금전관계로 등재된 권리가 없을 때 대항력을 갖추었다고 할 수 있는 것이다.

주택을 구매하건 낙찰을 받건 집을 장만 할 때 본인의 자산으로 대출 없이 일시불로 마련하는 경우 보다는 은행 등의 금융권에서 담보 대출을 받아 할부로 장만하는 경우가 상당수일 것이다. 실제로 일시불로 구매할 수 있는 돈이 있어도 요즘과 같은 저금리 시대에는 특히 이자율이 저렴한 담보대출을 받아 실행하고자 하는 이가 더 많을 것이다.

은행은 이러한 담보 대출을 실행할 경우 대출금을 대출자에게 직접 주는 것이 아니라 해당 집 주인 계좌로 바로 송금하며, 등기사항 증명서에 원금만 설정하는 것이 아니라 몇 년 전에는 1금융기관은 120%, 2금융기관은 130% 근저당권 채권최고액을 설정했었는데 근래에는 1, 2금융기관 모두 120%를 설정하고 있다. 만일 대출 실행 일에 잔금을 치르고 등기한 후 바로 임차인을 입주시켜 전입신고를 한다 하더라도 해당 등기사항증명서 상에는 근저당이 최선순위로 전입신고는 그 다음 날 0시부터 효력을 발휘하므로 해당 임차인이 주택임대차보호법 상의 대항력을 갖춘 것은 맞으나 보증금을 우선하여 보장받는 것은 아니며 해당 주택이 경매 개시 후 소유권 이전될 경우 낙찰 배당 순위는 선순위의 근저당 다음으로 보증금을 보호받지 못하여 전부 회수하지 못할 수 있는 상황에 처하게 되는 것이다.

이해를 돕는데 나쁜 예시만한 것이 없는 것 같아 이러한 행정적 상황을 이용한 나쁜 임대인의 사례를 소개하고자 한다. 경기도 부천의 재건축한지 6년차에 접어 든 한 동짜리 아파트였는데 매도자가 대출 없이 거주하다 매도하는 상황이었다.

매도자에게 구매의사를 전하고 계약을 한 후 잔금일을 한 달 후 특정일로 정하고, 잔금일 사이에 다른 부동산에 해당 집을 전세로 내놓아 임차인을 미리 구하고 잔금 일에 맞게 임차인을 이사 오게끔 한 매수자이자 임대인의 위치를 가지는 경우였다. 잔금일 오전에 은행에서 대출이 실행되고 잔금을 완납한 후에 이른 오후에 임차인에게 다시 전세 계약을 맺은 것이다. 부동산중개업을 하면 임대 시장에 이따금씩 보이는 상황으로 언뜻 보면 문제가 없어 보일 수 있으나 소액 보증금으로 월세 임차한 것이 아닌 고액 임차의 전세라면 그렇지 않다.

해당 전세 임차인은 사전 등기사항증명서를 열람해도 대출 없이 깨끗한 집에 자신이 이사와 함께 전입신고를 하면 대항력을 갖출 수 있다고 생각했다. 공교롭게 매도자와 구매자의 성이 같아 등기사항증명서의 소유자의 이름과 생년월일이 다른 것은 가족이겠거니 하여 별다른 문의 없이 임차한 것으로 확정일자까지 받았지만 차후 등기사항증명서를 열람해 보니 은행의 근저당 보다 후순위가 되어 대항 요건을 갖추어 대항력을 가졌지만 보증금을 보호받지 못하는 상황이 된 것이다. 해당 물건이 경매로 넘어 갔다거나 하는 얘기를 한동안 듣지는 못했으나 만일 그런 상황이 된다면 전세금 보증금의 상당 부분을 잃을 수도 있는 상황에 놓일 수 있다는 것을 명심해야 한다.

현 제도상의 맹점이기도 한 부분으로 임차인은 등기사항증명서 상의 소유자의 이름과 매도자의 이름이 같은지를 확인하여 임차를 하는 스스로 조심하는 방법과 계약서 특약에 '계약일 현재의 권리 및 시설상태하의 계약임'을 기재하도록 하는 방법 혹은 중개사무소에서 알아서 잘 조심해주길 바라는 수밖에 없다는 씁쓸한 얘기를 전해야 함이 아쉬울 따름이다.

근래에 들어 인터넷의 발달과 함께 직거래 사이트를 이용하여 직거래하는 분이 많은 것으로 알고 있다. 모든 직거래가 위험한 것은 아나나 부동산이란 본래 거래되는 금액이 크기 때문에 어쩌다가 상대를 잘못 만났을 경우 피해금액이 커질 수 있기에 조심해서 접근해야 한다. 운전을 예를 들어 신호위반도 할 때마다 적발되는 것은 아니지만 시쳇말로 '재수 없으면' 큰 사고를 당하거나 적지 않은 벌금과 벌점을 부과 받을 때가 있듯이, 전혀 신호위반을 하지 않는 것이 제일 좋은 것처럼 본인이 열심히 공부하여 직거래를 안전하게 진행하거나 안전하게 진행할 수 있는 자에게 맡기거나 하는 것이 위험을 피해가는 길이라는 것을 인지해야 한다.

사회적 약자인 임차인을 보호해야 하지 않느냐는 생각을 할 수도 있겠으나 위의 경우 같은 날 이루어진 극단적인 예를 든 것이고 위의 경우에서라도 등기사항증명서 상의 소유자와 이름이 다른 것을 문제 삼아 문의하여 해당 내용에 대해 확인할 수 있는 것이다. 해당 임차인 외에 부동산중개사무소에서도 해당 문제를 체크할 수 있는 것인데 반하여 먼저 대출을 실행한 은행에서는 불과 몇 시간 후의 미래라도 해당 내용을 예상하여 대출금액을 산정 할 수는 없는 노릇이기 때문이다. 물론 이에 대해서도 방 수 만큼 대출금액을 줄이거나 보증보험을 들어 처리하는 등의 은행들도 대비는 하지만 이는 미래의 임차인 권리 보호를 위한 것이 아니다. 미래에 경매로 소유권 이전될 경우 소액임차인에 의한 최우선 변제로 회수될 금액이 줄어드는 것을 위한 보호일 뿐이다. 적어도 과거에 있던 일을 확인하고 임차하는 것이 최소한의 의무라 할 수 있을 텐데 임차인이 스스로를 지키고자 하는 노력을 하지 않으면 법도 임차인을 보호해 주지 않는다는 것이다.

앞서 소액 보증금의 임차인은 괜찮다고 한 것은 후에 다룰 우선 변제권과 최우선 변제권으로 그 보증금의 일정액(낙찰 금액에 따라 전부가 될 수 있다)을 등기사항증명서 상에 후순위에 등재된 권리라 하여도 우선 적으로 배당 받을 수 있기 때문이다. 즉 고액의 전세 임차 예정이고 선순위 임차인이 될 수 없는 경우라면 각 지역별 최우선 변제금액의 안에서 소액 월세를 납부하여야 할지라도 반전세로 임차하는 것을 고려해 보아야 할 것이다.

08
변제권,
우선과 최우선 사이

앞서 대항력에 대해 논하며 보증금 보호에 대한 이야기를 하며 대항요건을 갖추어 대항력을 가진 임차인이라도 선순위에 저당권 등의 금전과 관계된 권리가 등기사항증명서 상에 등재 되어 있다면 보증금을 온전히 보호받지 못한다는 것에 대해 설명하였다.

임차권은 민법에서 채권으로 보고 있기에 해당 주택이 경매가 진행될 경우 앞서 언급한 임차인의 권리를 최대한 보호하기 위하여 보증금을 일부라도 우선적으로 변제 될 수 있도록 우선 변제권과 최우선 변제권으로 보호하고 있다.

변제권을 설명하기에 앞서 각 권리들도 경중에 따라 적용에 우선순위가 있기에 '물권'과 '채권'에 대한 설명이 필요하다고 느꼈다.

물권은 물건에 속한 권리로 저당권이 이에 속하는데 담보 물건에 대해 대출을 해주고 그 만큼의 권리를 받았다는 의미이기 때문에 채권에 비해서는 '누구에게나 주장할 수 있다'는 대세적인 효력이 있다.

채권은 흔히 지인 간에 빌린 돈처럼 담보된 것이 없는 것이 이에 속하는데 원칙이 '누구에게나 주장할 수 있는 것이 아니라 당사자 간에만 효력이 있다'는 물권에 비해 가벼움이 있다.

앞서 임차권이 채권에 속한다 하였기에 물권에 비해 배당에서 불리할 수 있어 해당 채권을 물권과 같이 취급하여 후순위의 물권보다 우선적으로 배당 받을 수 있는 작업이 우선 변제권의 요건을 갖추는 것이라 보면 이해가 쉬울 것이다. 또한 우선 변제권의 요건을 경매개시결정등기 전에 갖춰야만 배당 요구를 할 수 있다는 것도 알아두면 임차인의 입장에서는 보증금을 지킬 수 있는 지식을 얻는 것이고, 낙찰인의 입장에서는 향후 명도 시에 대응 방안을 마련하는 요인이 될 것이다.

역시 우선 변제 권리를 받기 위해서도 정해진 요건을 갖추어야 하는데 대항력의 요소인 '점유와 전입신고 + 확정일자'가 필요하다. 확정 일자는 앞서도 잠깐 언급했지만 전입신고와 함께 확정일자를 받는 경우가 많아 같은 것으로 오해할 수 있는데 임대차 계약서를 주민 센터에 가져가서 확정일자를 요청하면 여백이 많은 곳에 도장을 찍어 주는 것이 그것이다.

제3조의6(확정일자 부여 및 임대차 정보제공 등) ① 제3조의2제2항의 확정일자는 주택 소재지의 읍·면사무소, 동 주민센터 또는 시(특별시·광역시·특별자치시는 제외하고, 특별자치도는 포함한다)·군·구(자치구를 말한다)의 출장소, 지방법원 및 그 지원과 등기소 또는 「공증인법」에 따른 공증인(이하 이 조에서 "확정일자부여기관"이라 한다)이 부여한다.

② 확정일자부여기관은 해당 주택의 소재지, 확정일자 부여일, 차임 및 보증금 등을 기재한 확정일자부를 작성하여야 한다. 이 경우 전산처리정보조직을 이용할 수 있다.

③ 주택의 임대차에 이해관계가 있는 자는 확정일자부여기관에 해당 주택의 확정일자 부여일, 차임 및 보증금 등 정보의 제공을 요청할 수 있다. 이 경우 요청을 받은 확정일자부여기관은 정당한 사유 없이 이를 거부할 수 없다.

④ 임대차계약을 체결하려는 자는 임대인의 동의를 받아 확정일자부여기관에 제3항에 따른 정보제공을 요청할 수 있다.

⑤ 제1항·제3항 또는 제4항에 따라 확정일자를 부여받거나 정보를 제공받으려는 자는 수수료를 내야 한다.

⑥ 확정일자부에 기재하여야 할 사항, 주택의 임대차에 이해관계가 있는 자의 범위, 확정일자부여기관에 요청할 수 있는 정보의 범위 및 수수료, 그 밖에 확정일자부여 사무와 정보제공 등에 필요한 사항은 대통령령 또는 대법원규칙으로 정한다.

[본조신설 2013.8.13.]

〈주택임대차보호법 3조 6항의 확정일자 관련 조항〉

전입신고를 민원24 사이트를 통해 인터넷으로 신청한 경우에는 어떨까?

역시 확정일자도 인터넷으로 신청할 수 있는데 민원24 사이트가 아닌 등기사항증명서를 발급하는 인터넷 등기소에서 신청 가능하며 역시 현재 집필 시점에 별도의 비용이 청구되지 않는 것으로 확인하였다.

위에서 우선 변제권의 요건을 갖추었을 때 물권화된다고 표현하였는데, 동일한 물권 간에는 설정 일자가 빠른 순서대로 배당된다. 배당은 등기사항증명서상에 등재된 채권의 종류에 따라 배당 순위가 달라지는 경우가 있어 현재 서적에서 다루지는 않을 예정이다. 배당은 법원에서 배당요구종기일까지 배당 신청한 이해 관계자들의 권리에 따라 낙찰금액을 분배하는 것으로 낙찰자가 배당을 고려해야 할 상황은 임차인이 있는 물건에 임차인이 배당을 못 받거나 적게 받아 명도 상황에서 저항이 거셀 것을 예견하여 입찰 전에 입찰 여부를 가늠하는 정도이며, 컨트롤할 수 없다 생각된다면 입찰하지 않는 것이 안전하다.

물건	인천 부평구 소재 낙찰가 200,000,000원 아파트
1순위	16.01.01. ○○은행 근저당, 청구 금액 110,000,000원
2순위	16.02.01. 우선 변제권에 의한 임차인 보증금 100,000,000원
3순위	16.03.01. 압류 30,000,000원
기타	경매 집행 비용, 필요비 유익비, 합 5,000,000원

위와 같은 단순한 예시의 사건이 있었을 경우를 가정하여 설명하면, 낙찰대금 200,000,000원 중 1순위로 차감되는 것은 기타 5,000,000원이다. 2순위로 ○○은행 110,000,000원을 전액 배당받을 것이며, 이후 임차인은 낙찰대금의 잔액 85,000,000원을 배당받을 것이다. 압류권자들은 별도의 배당을 받지 못한 채 배당이 종료되는데, 이 경우 임차인의 명도 시에 낙찰자에게 손실금액을 감안한 이사 비용을 요구하는 등의 명도 저항이 있을 수 있으므로 감안하고 입찰하여야 한다는 것 정도만 기억하면 될 것이다.

적용 기간	지역	보증금 범위	금액의 한도
1984.01.01.	서울, 광역시(군 지역 제외)	300만 원 이하	보증금 전액
~1987.11.30.	그 밖의 지역	200만 원 이하	보증금 전액
1987.12.01.	서울, 광역시(군 지역 제외)	500만 원 이하	보증금 전액
~1990.02.18.	그 밖의 지역	400만 원 이하	보증금 전액
1990.02.19.	서울, 광역시(군 지역 제외)	2,000만 원 이하	700만 원
~1995.10.18.	그 밖의 지역	1,500만 원 이하	500만 원
1995.10.19.	서울, 광역시(군 지역 제외)	3,000만 원 이하	1,200만 원
~2001.09.14.	그 밖의 지역	2,000만 원 이하	800만 원
2001.09.15. ~2008.08.20.	서울, 수도권 과밀억제권역	4,000만 원 이하	1,600만 원
	광역시(군 지역, 인천시 제외)	3,500만 원 이하	1,400만 원
	그 밖의 지역	3,000만 원 이하	1,200만 원
2008.08.21. ~2010.07.25.	서울, 수도권 과밀억제권역	6,000만 원 이하	2,000만 원
	광역시(군 지역, 인천시 제외)	5,000만 원 이하	1,700만 원
	그 밖의 지역	4,000만 원 이하	1,400만 원
2010.07.26. ~2013.12.31.	서울특별시	7,500만 원 이하	2,500만 원
	수도권 과밀억제권역 (서울시 제외)	6,500만 원 이하	2,200만 원
	광역시(수도권 과밀억제권역, 군 지역 제외), 안산시, 용인시, 김포시, 광주시	5,500만 원 이하	1,900만 원
	그 밖의 지역	4,000만 원 이하	1,400만 원

	서울특별시	9,500만 원 이하	3,200만 원
2014.01.01. ~2016.03.30.	수도권 과밀억제권역(서울시 제외)	8,000만 원 이하	2,700만 원
	광역시(수도권 과밀억제권역, 군 지역 제외), 안산시, 용인시, 김포시, 광주시	6,000만 원 이하	2,000만 원
	그 밖의 지역	4,500만 원 이하	1,500만 원
	서울특별시	10,000만 원 이하	3,400만 원
2016.03.31~	수도권 과밀억제권역(서울시 제외)	8,000만 원 이하	2,700만 원
	광역시(수도권 과밀억제권역, 군 지역 제외), 안산시, 용인시, 김포시, 광주시	6,000만 원 이하	2,000만 원
	세종시	6,000만 원 이하	2,000만 원
	그 밖의 지역	5,000만 원 이하	1,700만 원

※**수도권 과밀억제 권역**: 서울시, 인천광역시(강화군, 옹진군, 서구 대곡동·불로동·마전동·금곡동·오류동·왕길동·당하동·원당동, 인천경제자유구역 및 남동 국가산업단지는 제외), 의정부시, 구리시, 남양주시(호평동·평내동·금곡동·일패동·이패동·삼패동·가운동·수석동·지금동·도농동만 해당), 하남시, 고양시, 수원시, 성남시, 안양시, 부천시, 광명시, 과천시, 의왕시, 군포시, 시흥시[반월특수지역(반월특수지역에서 해제된 지역을 포함)은 제외]

우선 변제권에 대해 알아보았으며 이제 최우선 변제권에 대해 설명하려 한다.

명칭에서 느껴지는 것처럼 모든 배당에서 최우선으로 변제받을 것 같지만, 경매집행 비용과 필요비, 유익비 등 다음으로 배당받아 무조건 1순위는 아니다. 그러나 경매 낙찰비용에 비하면 해당 금액들은 많지 않은 경우가 거의 대부분이기 때문에 사실상 1순위라고 보아도 될 것이다.

역시 최우선 변제권의 요건을 충족하여야 하는데, 상기 표에 나와 있는 해당 물건지의 보증금 범위 안에 들어 있는 소액 임차인으로 대항 요건을 갖추고(※확정일자 필수 사항 아님) 배당요구종기일 전에 배당 요구를 한 경우에, 낙찰대금의 1/2 범위를 최대한도로 하여 우선 배당되는 것이다. 또한, 현재 남아 있는 최선순위 물권의 설정 일자를 기준 하기에 인천시 부평구 소재 아파트에 2002년 2월 2일로 설정된 근저당이 있을 경우, 해당 경매 물건의 개시일이 2016년 7월 17일이라고 하면 최우선 변제금액 보증금 범위는 8,000만 원 이하의 보증금 중 2,700만 원을 최우선 변제받는 것이 아닌 4,000만 원 이하의 보증금 중 1,600만 원의 금액이 최우선 변제 대상인 것이다.

인천광역시의 경우 경매 물건 소재지에 따라 수도권 과밀억제 권역, 그 밖의 지역으로 구분되기 때문에 주소지에 따른 보증금 범위를 정확하게 인지하고 입찰해야 한다.

보증금 범위 안에 있어야 소액임차인으로 인정받는다.

보증금이 1억 원이라 가정할 때 소액임차보증금액 범위는 최우선 변제되고 그 외의 금액을 대항요건과 확정일자를 갖추었을 때 우선 변제권으로 처리 된다고 자체 해석하면 안 되며, 보증금이 1만 원이라도 넘으면 소액임차인으로서의 지위를 인정받지 못하는 것으로 정확히 인지하고 있어야 한다.

09
분석이 끝났으면
물건을 보러 가자

경매 물건을 검색하고 나름대로 분석이 마무리되었다면 현장에 직접 나가서 해당 물건을 확인하는 과정을 거치는데 이것을 '임장'이라 한다.

임장에서 가장 중요한 것은 해당 물건 지역 인근의 유사 물건들의 시세를 알아보는 것인데 시세를 알아야 입찰가를 산정할 수 있기 때문이다. 특히 정확한 시세는 입찰가의 폭을 줄일 수 있다는 점이 낙찰률을 높여줄 수 있고 수익률을 높여줄 수 있다.

해당 물건의 내부 상태를 볼 수 있다면 금상첨화이겠으나 경매로 집이 넘어간 상황에서 점유자는 날카로울 수밖에 없고 요즘 세상에 흉흉한 뉴스들도 잦아 내부를 구경하기에는 쉽지 않을 것이다.

그럴 때는 건물 외부에서 대략적으로 가늠하는 수밖에 없는데 점유자가 점유해 온 기간을 고려하여 내부 수리에 드는 비용을 산출하여 입찰가에 반영해야 한다. 주변 시세에 근접하게 낙찰받을 경우 내부 수리비용으로 수익을 내는 시점을 한참 후로 잡아야 할 경우도 있는데, 경매가 진행되면 보통 6개월 이상은 소요되기 때문에 해당 물건을 인도해야 하는 점유자로서는 굳이 열심히 유지 관리할 필요가 없기 때문이다.

도배와 장판은 기본적으로 한다고 하여도 외부에서 대략적인 가늠이 되는 창호의 경우 2군으로 한다 하여도 그 크기나 이중창 여부 및 브랜드에 따라 금액이 다르겠지만 300~1,000만 원을 생각해야 한다. 네이버 카페 중 인기통(인테리어&기술자 통합모임, cafe.naver.com/0404ab)이나, 소공인(cafe.naver.com/jsy7979) 카페에서 인테리어 관련 소요 비용을 계산하거나 견적 내 보면 어느 정도의 입찰 금액으로 낙찰받아야 수익이 날지 고려가 되므로 사전에 알아 두는 것이 좋다.

본인이 거주할 집을 마련할 생각이라면 역으로부터의 거리, 고저의 차를 가늠하거나 버스 노선, 편의 시설의 존재 등 여러 가지를 고려하여 낮과 밤, 최소 2회 이상은 임장하기를 권한다. 네이버 지도나 카카오맵 등의 서비스로 로드뷰를 확인할 수 있지만, 로드뷰로 나오지 않는 부분도 상당하기 때문이다.

하나의 예로 계양구 작전동 소재 ○○에이스빌이라는 11자 모양의 2개 동으로 구성된 4층 빌라의 1층 물건이 경매에 나와 임장을 한 적이 있었다. 로드뷰로 보았을 때 경매 개시된 쪽은 출입구가 확인되지 않았는데 두 개의 동으로 구성되어 있고 같은 시기에 지어졌는데 실제 현장에 나가보니 다음과 같았다.

　파란 화살표가 있는 안쪽의 1층 물건이었는데 화살표 아래가 자전거를 보관하고 옆에 쓰레기통들이 세 개 놓여 있었다. 올해 여름이 무척이나 더웠기에 방범창이 있지만, 창문을 열어둔 상태였는데 중학생 정도의 평균 키만 되어도 집안이 들여다보여 거주자로서 신경이 쓰이지 않을 수 없어 보였다.

　사진으로 이상한 점을 느꼈는지 모르겠는데 우측 동은 지하가 있고, 1층이 계단을 반 층 정도 올라가 있는 형태인데 반해, 경매 물건 건물은 지하가 없고 1층이 평평한 형태였다. 매매에 있어서 같은 1층이라면 500~1,000만 원 정도의 차이가 있을 수 있는 환경이며 임차에서도 같은 금액을 받기는 어려운 물건이다. 물론 경매 물건 동의 경우 계단을 오르기 힘든 어르신들이 있는 경우에는 선호할 수 있으나 그 외의 경우는 모두 꺼릴 만한 요건을 갖추고 있어 해당 물건은 입찰을 포기하였다.

이렇듯 로드뷰만으로 파악하기 힘든 상황이 있을 수 있으므로 현장에 직접 방문하여 물건을 확인하고 입찰하는 습관을 들여야 하며, 지레짐작으로 입찰하는 것은 목돈이 묶이거나 본인의 돈이 사라질 수 있다는 것을 인지하여야 한다.

10
입찰
준비에 앞서

경매 물건 검색을 완료하고 권리 분석과 임장을 통한 물건 분석도 끝내서 입찰할 준비가 되었다고 판단이 섰다면 이제 입찰을 해야 할 텐데 주의할 점 몇 가지가 있다.

우선 경매하기 전날 경매가 진행되는 관할 법원 내부에 있는 은행 계좌에 미리 입찰보증금 최저매각가격의 10%를 미리 입금해두는 것이 좋다. 입찰 당일 입찰 전에 미리 은행에 들러서 한 장의 수표로 발급받아 입찰보증금으로 제출한다. 간혹 여러 장의 수표나 현금을 찾아오는 경우가 있는데 금액이 조금이라도 모자란 상황이 발생하면 문제가 되기 때문에 한 장짜리 수표로 입찰하는 것이 가장 좋은 방법이다. 또는 전날 미리 한 장의 수표 발급과 함께 입찰 봉투와 기일 입찰표를 미리 전부 작성해두는 것도 좋은데 경매장에 도착하여 분위기에 사전에 정해놓은 입찰금액보다 높게 호가하는 상황을 방지할 수 있다.

제일 중요한 것은 입찰금액란의 수정은 어떠한 사정이 있어도 용납되지 않는다는 것인데 이 부분을 수정하면 무효처리가 된다. 물론 무효처리로 입찰보증금을 돌려받지 못하거나 하는 것은 아니니 시간 낭비 정도의 수업료라 치부할 수 있다. 수정보다도 위험한 것이 있는데 경매를 현장에서 경험하지 않은 이들은 과연 그런 이들이 있을까 싶을 것이나 실제로 종종 입찰금액에 '0'을 하나 더 붙여서 잘못된 금액으로 입찰하는 경우가 적지 않게 발생한다. 이런 경우 무효처리와는 다르게 동일한 실수를 범한 누군가가 있어 실수를 경쟁하지 않는 이상 최고가매수신고인이 되어 보증금을 포기하든지 그 금액으로 구매하든지 해야 한다. 제정신이라면 10배 전후로 구매할 경우는 없을 것이라고 보아야 하니 보증금을 포기해야 할 운명에 처하게 되는데, 겨우 입찰금액에 '0'을 하나 더 붙이는 실수를 했기에 발생한 사건이자 사고이다.

매각허가 취소신청을 하겠지만, 이는 원칙적으로 경매절차의 구제 대상이 아니다. 입찰과 관련하여 단순 변심이나 실수인 경우 법원이 낙찰허가 결정을 취소하는 사례는 매우 드물기 때문이다.

매각허가결정취소를 할 수 있는 경우는 민사집행법에 정해져 있으며 관련 판례도 공부해놓으면 유사시에 매우 유용하겠지만, 그 상황을 만들지 않는 것이 모두가 행복한 결말로 가는 과정일 것이다. 사람은 누구나 실수를 할 수 있기에 기일 입찰표뿐만 아니라 관련 서류는 전부 작성한 후에도 두세 번 이상 꼭 검토하는 것을 하나의 패턴으로 정형화할 것을 강력히 권한다.

11

실전!
입찰서류 작성

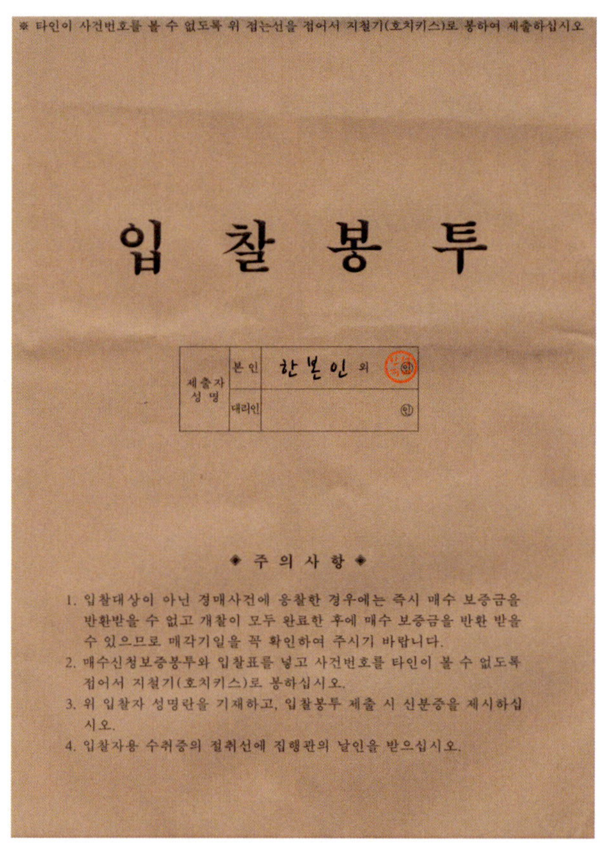

주부와 **직장인**을 위한
99% 안전 경매

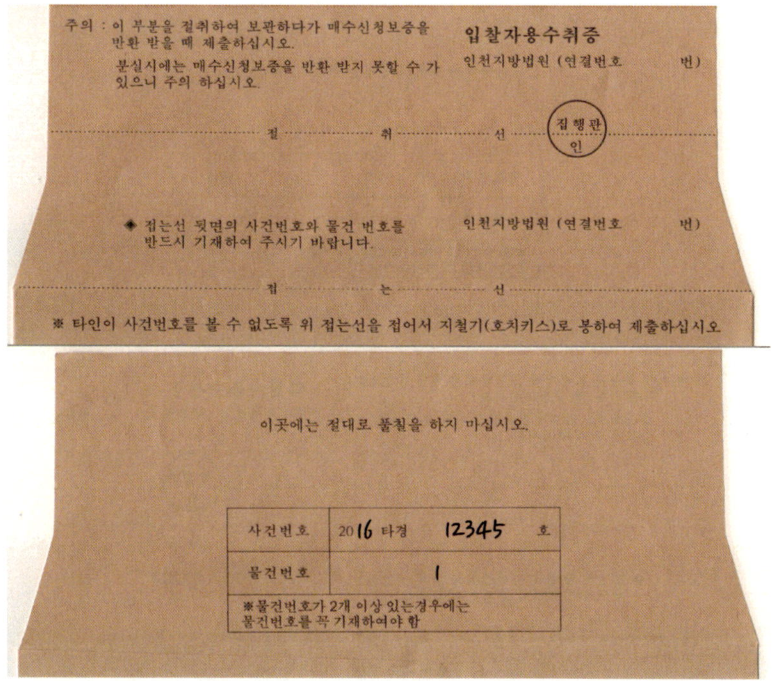

최초 이미지는 입찰봉투 전면으로 하단 이미
지의 날개들이 위에 붙어있는 형태이며 접은 것이지 자른 것이 아
니라는 점을 알아두어야 한다. 실제로 봉투 중에 자르는 곳이 있
지만, 입찰자가 직접 자르는 곳은 한 군데도 없으므로 알아두면
좋을 것이다.

하단 이미지는 봉투 날개 부분을 안쪽과 바깥쪽으로 스캔한 이
미지들로 윗부분의 절취선은 집행관이 도장을 찍은 후 잘라주는
부분으로 패찰 시 입찰보증금과 교환하는 수취증 부분이며 외부

로 드러나는 바깥쪽 부분이다.

 아래 이미지는 스테이플러 사용 시 안 보이게 될 안쪽 이미지로 풀칠하지 말라는 부분이 수취증의 뒷면이다. 해당 사건번호와 물건이 여러 개일 경우 물건번호를 적어야 하는 곳으로 물건이 1개일 경우 생략이 가능하지만 하단 문구처럼 2개 이상 있는 경우에는 꼭 기재하여야 한다.

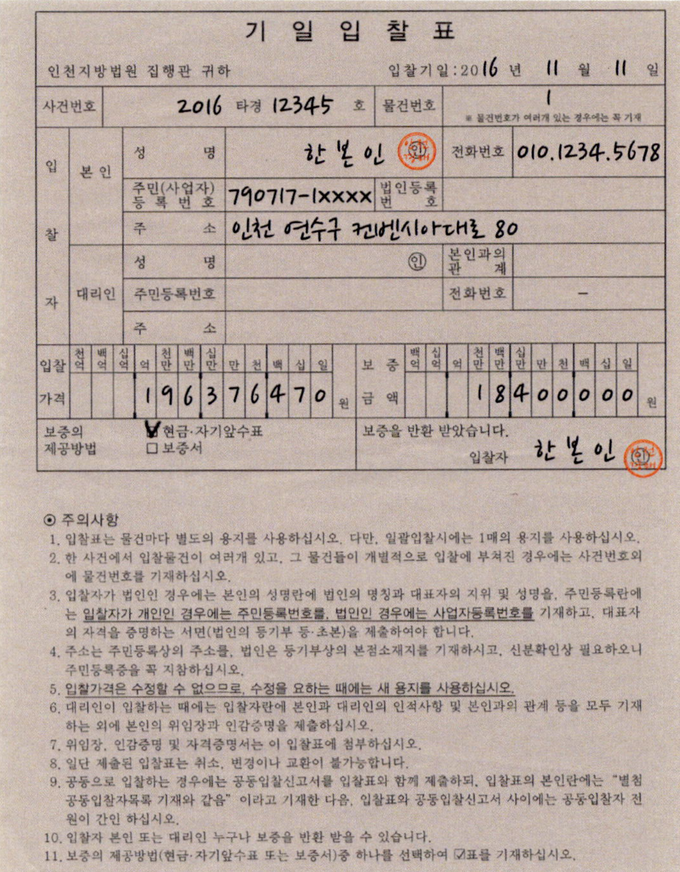

기일입찰표를 본인이 직접 입찰하는 기준으로 작성한 것이며 가장 중요한 점은 입찰 가격, 보증금액 부분은 틀릴 경우 두 줄 긋고 수정하는 것이 아닌 새로 작성이 필요하다. 수정하였을 경우 최고가매수신고인으로 호명되었더라도 취소될 수 있는데 이미 하단 주의 사항에 입찰가격은 수정할 수 없다고 명시하고 있음을 잘 알아야 한다. 입찰가격 부분 외 모든 부분에서 잘못 작성한 경우 새 용지에 작성해야 한다고 인지하는 편이 정신 건강에 보다 나은 선택일 것이다.

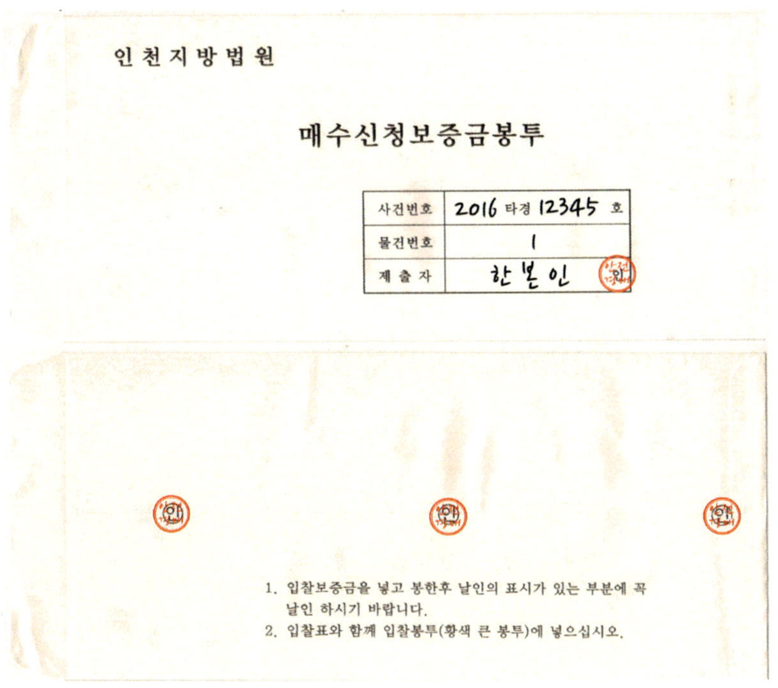

입찰 보증금을 넣을 봉투로 보증금액이 적지 않은 경우 대부분의 입찰자가 수표로 찾아 넣고 있으며 매수신청보증금 봉투는 반드시 붙여서 봉할 필요는 없으나 사건번호, 물건번호(1개일 경우 생략 가능), 제출자 이름과 총 4곳의 도장은 반드시 날인되어야 한다.

입찰 보증금은 입찰일에 법원 내에 소재하고 있는 은행 지점에서 자기앞수표 1장으로 찾는 경우가 대부분인데, 늘 창구 직원을 대함에 있어 "오늘은 한 번만 뵙고 싶다!"는 말을 건네고 창구 직원의 응원을 받는 것이 개인적인 입찰 습관이 되었다.

12

Yes~ 낙찰,
그런데 체납 관리비는 어쩌지?

경매로 낙찰받은 후 접하는 문제 중의 한 가지가 예전 임차인이나 소유자가 체납한 관리비 부분은 어떻게 되느냐이다. 관련 판례도 알아야겠지만, 그전에 임차인이 배당받을 부분이 있는 임차인이라면 체납 관리비를 정산한 후에 명도확인서를 주면 되기에 크게 신경 쓸 부분은 없다.

문제가 생기는 부분은 공실이었거나 임차인이나 소유자가 체납 관리비를 정산하고 나갈 수 있지 않게 명도가 진행되었을 때이다. 법이나 판례 이전에 서로가 협의하는 것이 최우선 해결책이라는 것은 항상 강조하였기에 두말할 필요가 없겠다. 그러나 그러하지 못하는 상황에 직면하는 경우가 많은바, 우선 체납된 관리비를 아무도 정산하지 아니하고 낙찰자가 관리사무소와 정산하여야 할 때를 가정해서 판례를 같이 살펴본다.

관리비에는 우선 전기세, 도시가스 이용료, 수도세 등이 포함되는데 개별 관리비와 공용 관리비 그리고 연체료가 있다. 이 중에서 대법원 판례는 개별 관리비는 낙찰자가 부담하지 아니하고 공용 관리비만 부담한다고 판시하고 있다(출처: 대법원 2001.09.20. 선고 2001다8677 전원합의체 판결[채무부존재확인] 종합법률정보 판례).

아파트의 관리규약에서 체납 관리비 채권 전체에 대하여 입주자의 지위를 승계한 자에 대하여도 행사할 수 있도록 규정하고 있다 하더라도, '관리규약이 구분소유자 이외의 자의 권리를 해하지 못한다'고 규정하고 있다.

집합건물의 소유 및 관리에 관한 법률(이하 '집합건물법'이라 한다) 제28조 제3항에 비추어 볼 때, 관리규약으로 전 입주자의 체납 관리비를 양수인에게 승계시키도록 하는 것은 입주자 이외의 자들과 사이의 권리·의무에 관련된 사항으로서 입주자들의 자치규범인 관리규약 제정의 한계를 벗어나는 것이고, 개인의 기본권을 침해하는 사항은 법률로 특별히 정하지 않는 한 사적 자치의 원칙에 반한다는 점 등을 고려하면, 특별승계인이 그 관리규약을 명시적, 묵시적으로 승인하지 않는 이상 그 효력이 없다고 할 것이며, 집합건물법 제42조 제1항 및 공동주택관리령 제9조 제4항의 각 규정은 공동주택의 입주자들이 공동주택의 관리·사용 등의 사항에 관하여 관리규약으로 정한 내용은 그것이 승계 이전에 제정된 것이라고 하더라도 승계인에 대하여 효력이 있다는 뜻으로서, 관리비와 관련하여서

는 승계인도 입주자로서 관리규약에 따른 관리비를 납부하여
야 한다는 의미일 뿐, 그 규정으로 인하여 승계인이 전 입주자
의 체납관리비까지 승계하게 되는 것으로 해석할 수는 없다.
다만, 집합건물의 공용부분은 전체 공유자의 이익에 공여하는
것이어서 공동으로 유지·관리해야 하고 그에 대한 적정한 유
지·관리를 도모하기 위하여는 소요되는 경비에 대한 공유자
간의 채권은 이를 특히 보장할 필요가 있어 공유자의 특별승계
인에게 그 승계 의사의 유무와 관계없이 청구할 수 있도록 집
합건물법 제18조에서 특별규정을 두고 있는바, 위 관리규약 중
공용 부분 관리비에 관한 부분은 위 규정에 터 잡은 것으로서
유효하다고 할 것이므로, 아파트의 특별승계인은 전 입주자의
체납관리비 중 공용 부분에 관하여는 이를 승계하여야 한다고
봄이 타당하다.

상기의 판례 내용처럼 공용 부분 관리비는 법적으로 진행하여도
낙찰자가 부담하게 되어있으니 생떼를 피우면서 관리사무소 소장
과 싸워봐야 낙찰자는 이득이 될 것이 없으니, 임차인이나 소유자
와 명도 과정에서 관리비 문제를 해결하지 못하였을 때 부담할 것
을 대비하고 입찰하여야 할 것이다.
한 번은 계산동에서 상가를 낙찰받고 관리사무소를 찾아간 적

이 있었는데 요즘은 관리소장들도 거의 잘 알고 있다. 미납된 관리비 중 공용부분만 부담할 것이고 개별 관리비는 못 낸다고 하였더니 "당연히 그러셔야죠" 하면서 소송이나 언쟁 등의 별 탈 없이 웃으면서 나왔었다.

물론 그렇지 아니한 관리사무소도 적지 않으니 대응 방안을 알고 가야 할 것인데, 관리사무소에서 개별 관리비도 내라고 하고 대화로 통하지 아니할 때는 내용증명을 한 부 보내는 것도 한 방법이다. 이때 관련 판례를 친절하게 첨부하여 발송해야 하며 입주민의 일원으로서 대법원 판례까지 존재하는 부분을 청구하여 소송이 진행될 시 패소할 것이 뻔한 소송을 진행하여 소송비용도 전체 주민의 관리비에서 낭비하게 한 책임을 입주자대표회의에 보고하여 책임을 묻겠다는 내용을 첨부하면 대부분 소송까지 진행하지 않고 관리사무소에서는 백기를 들게 되어있다.

덧붙여 관리비 납부를 연체하여 생긴 연체료 부분도 낙찰자가 부담하지 아니하게 된다. 3년 넘게 관리소에서 징수하지 못한 3년 넘은 관리비도 낙찰자가 부담하지 아니한다. 모든 일이 그렇듯 근거 법령이나 판례가 있어야 하는바 연체료를 부담하지 않는다는 것과 3년 넘게 회수하지 못한 미납관리비는 소멸시효가 지나 낙찰자가 부담하지 않는다는 판례를 소개하겠다.

(출처: 대법원 2007.02.22. 선고 2005다65821 판결[용역비]>종합법률정보 판례)

연체료의 승계 여부에 관하여

관리비 납부를 연체할 경우 부과되는 연체료는 위약 벌의 일종이고 집합건물의 특별승계인이 전 입주자가 체납한 공용부분 관리비를 승계한다고 하여 전 입주자가 관리비 납부를 연체함으로 인해 이미 발생하게 된 법률효과까지 그대로 승계하는 것은 아니므로, 공용부분 관리비에 대한 연체료는 집합건물의 특별승계인에게 승계되는 공용부분 관리비에 포함되지 않는다.(대법원 2006.6.29. 선고 2004다3598, 3604 판결 참조)

원심은 이 사건 부동산의 전전 입주자인 소외 주식회사가 체납한 관리비에 대하여 이미 발생한 연체료는 이 사건 부동산이 속한 집합건물에 대한 관리규약의 규정에도 불구하고 이 사건 부동산의 특별승계인인 피고에게 승계된다고 볼 수 없다고 판단하였다. 기록과 위 법리에 비추어 보면 원심의 이러한 사실인정과 판단은 정당하고, 거기에 상고이유로 주장하는 바와 같은 승계되는 체납관리비의 범위에 관한 법리오해, 소유권 승계 이후의 연체료(원고가 이에 대하여 별도로 지급을 구하지 아니한 것은 기록상 명백하다)에 관한 심리미진 등의 위법이 없다.

소멸시효에 관하여

가. 민법 제163조 제1호에서 3년의 단기소멸시효에 걸리는 것으로 규정한 '1년 이내의 기간으로 정한 채권'이란 1년 이내의 정기로 지급되는 채권을 말하는 것으로서(대법원 1996.9.20. 선고 96다25302 판결 참조) 1개월 단위로 지급되는 집합건물의 관리비채권은 이에 해당한다고 할 것이다.

그렇다면 같은 취지에서 피고의 소멸시효 항변을 일부 인정한 원심의 판단은 정당하고, 거기에 상고이유의 주장과 같은 관리비채권의 법적 성격에 관한 법리오해 등의 위법이 없다.

나. 기록에 의하면, 피고가 원고의 직원과 2004년 1월경 체납관리비를 법원의 판결에 의거하여 정리하기로 합의한 사실, 피고가 이 사건 부동산을 취득하기 이전에 전전 소유자의 체납관리비가 존재하는 것을 알았던 사실을 각 인정할 수 있으나, 그것만으로는 피고가 원고에게 소멸시효의 이익을 포기하였다거나 피고의 소멸시효 항변이 신의성실의 원칙에 반하거나 권리남용에 해당한다고 볼 수 없으므로, 이를 이유로 원심판결에 판단누락, 심리미진, 석명권 불행사, 신의칙과 권리남용에 관한 법리오해 등의 위법이 있다는 취지의 상고이유 주장도 받아들일 수 없다.

또 한 번은 연체료를 부담하지 아니하는 부분과 관련하여도 인천 송도신도시에 공실이었던 상가를 낙찰받고 관리사무소를 방문하여 관리비 문제에 대하여 얘기하던 중 관리직원이 연체료도 납부하여야 한다고 주장한 적이 있다. 십만 원대 정도의 소액이었으나 관련 판례를 모르는 것도 아니고 내지 않아도 되는 부분을 낼 수는 없기에 "우선 상가를 사용하기 위해서 납부는 하겠으나 부당이득반환소송을 진행할 것이고 패소하는 소송을 진행하는 책임을 입주민의 일원으로서 입주자대표회의에 보고하겠다"고 내용증명까지도 아니고 그 자리에서 언급한 적이 있다. 관리직원은 곧바로 관리소장과 얘기하자고 하였고 관리소장과 이야기한 결과 내용증명을 보내는 번거로움 없이 연체료 부분을 부담하지 않았다. 물론 이때도 언성을 높이거나 욕설을 섞고 험악한 표정을 지으며 말하는 것이 아니라 살짝 실소를 머금고 그렇게 나올 줄 알았다는 식의 표정을 지으며 얘기하였는데, 무턱대고 싸우자는 몸짓을 취하거나 내용증명을 남용할 필요도 없고 목소리를 높일 필요도 없다. 본인이 전해야 할 말만 하고 나와서 다음 대응을 하면 될 때가 대부분이다. 내용증명 작성하고 우체국에서 보내는 일이 어려운 일은 아니지만, 그 시간의 낭비는 본인의 손실이며 돈 벌자고 매일 소송하면 이기는 싸움이라도 마음이 지쳐서 경매를 지속할 여력이 없어지지 않겠는가?

13

이사비용
얼마 줘야 할까?

많은 이들이 경매하면서 항상 생각하는 고민거리 중 한 가지일 것이다. 권리분석을 마치고 입찰에 도전하여 노력 끝에 낙찰되었다면 공실이 아닌 이상 임차인이나 소유자를 내보내는 일, 즉 명도의 과정이 남아 있다. 그냥 나가준다면야 정말 좋겠지만, 현실은 의례적으로 낙찰자에게 이사 비용을 요구해야 한다는 식의 개념이 퍼져있어 쉽지 아니한 것을 다들 알고 있기에 고민이 되는 것이 아닐까?

먼저 이사 비용이라는 관례를 나쁘다고 볼 수도 없고, 좋다고 볼 수도 없는데 개인적으로도 결론을 쉽게 내리지 못하고 있는 부분이기도 하다. 하지만 간혹 관례로 통용되고 있는 이사 비용을 마치 당연한 권리인 듯이 내놓으라는 식의 거주자를 만났을 때는 이런 관례가 과연 필요한 것인가 하는 의문이 드는 것도 사실인데 무리한 금액을 요구한다면 더욱이 그러할 것이다. 그러나 유감스럽게도 경매 절차에 이해관계인이 되었고 사정이 딱한 거주자이면서도 낙찰자에게 미안한 마음까지 가지고 있는 태도를 보이는 분들을 마주하게 되면 식사비용이라도 더 얹어 주어고 싶은 생각이 들고 실제로 그렇게 한 경우도 있다. '아 다르고 어 다른 상황'의 결과가 같음을 알고 있고, 말 한마디로 천 냥 빚을 갚지 못하는 시대라는 생각을 가지고 살고 있지만, '사람이니까, 사람이기에' 그런 것이 아닐까 생각되는데 결론을 내보면 그때그때 사람마다 다르게 응대해야 한다.

우선 임차인의 경우 보증금을 전부 배당받을 수 있는 임차인이 있고, 그러하지 못한 임차인이 있다. 전액 배당받는 임차인의 경우는 어떤 면에서는 운이 없었거나 혹은 경매 사건의 이해관계인이 될 확률이 있는 것을 사전에 확인만 하였다면 인지하고 피할 수 있었을 것이다. 거두절미하고 보증금을 전액 배당받으니 손해 보는 부분을 굳이 논하자면 계약 기간보다 먼저 이사하게 되거나 예상하지 못한 이사를 해야 하는 경우인데, 경매가 진행되면 낙찰된 후에 배당하기까지 보통 빠르면 6개월에서 늦으면 1년 이상의 시일이 소요된다. 경매 통지를 전혀 받지 못했던 상황이 아닌 이상에야 전혀 예상하지 못하다가 이사를 해야 하는 경우는 거의 없다 봐야 하지 않을까?

낙찰 이후에 법원의 경매계로 낙찰자 영수증과 신분증을 지참하여 방문하면 임대차 계약서를 확인해 볼 수가 있다. 사건기록열람을 신청하여 확인하는 것으로 이 계약서를 통해 확인하였을 때,

보증금도 전액 변제되고 계약 기간만큼 살았던 경우는 거의 손해가 없다고 판단되기에 이사 비용을 지불할 필요가 없다고 생각한다. 배당을 받기 위해서는 낙찰자의 인감도장이 날인된 명도확인서와 인감증명서를 제출하여야 하는바 이사 날짜를 정해서 이사를 하면 배당받을 수 있도록 서류를 주겠다고 하거나 여의치 않으면 이사하는 날 주겠다고 하여 명도를 진행하면 된다고 생각하여 실행해 오고 있다.

간혹 배당도 전액 수령할 수 있고 계약 기간만큼 거주한 임차인에게도 이사 비용을 지불하는 낙찰자들을 보기도 하는데 별다른 피해 본 것이 없는 거주자에게 이사 비용 받는 관례를 만들어 주는 것이 아닌가 하는 생각도 들 때가 많다. 나쁜 관례를 누가 만들고 있는지 생각해 봐야 할 것이며, 실제로 피해를 입었다 한들 그 피해의 가해자는 낙찰자가 아닌 전 소유자라는 점을 명확히 상기해야 할 것이다.

물론 배당기일 이전에 자진해서 일찍 퇴거해주어 낙찰자에게 보다 빨리 부동산을 사용할 수 있게 해주거나 구입할 때 실행한 담보대출 이자를 아깝지 않게 해주는 거주자에게 사례로 지불하는 것은 이 전과 다른 감사의 성격이라 생각하여 찬성하는 바이다.

사회생활을 해 보니 모든 경우라 할 수 없겠으나 대부분의 경우 '서로 웃으며 헤어지는 것이 최선'이라는 경험을 얻었다. '궁지에 몰린 쥐가 고양이를 문다'는 속담을 알고 있을 텐데, 쥐의 마음을 헤아려 보면 고양이를 물고 도망치겠다는 생각보다는 삶을 포기하고 죽기 전에 물어서 해를 입히겠다는 생각을 하지 않을까? 더욱이 물기밖에 못할 것 같은 쥐가 아닌 사람이라면 해를 입힐 다양한 방법이 산재해 있으니 불안하게 살게 되지 않겠는가, 궁지에 몰려 죽기 전에 해를 입힌다는데 수십 개의 CCTV와 수백 개의 블랙박스는 방범 효과 없이 그저 기록용도밖에 되지 않을 것이다.

한편 낙찰자 유형 중에서 배당받기 위해 명도확인서가 필요하다는 점을 악용하거나 혹은 단순히 마음이 급하여 낙찰받자마자 전액 배당받는 임차인에게 찾아가서 빨리 집을 비우지 않으면 집행을 할 수밖에 없다고 으름장을 놓는 방식으로 명도하는 경우가 있는데 이건 매우 좋지 않은 방식이다. 전액 배당받는 임차인들의 경우 낙찰자가 계속 거주하라고 하여도 시큰둥할 수 있는데 집행한다고 압박하는 것은 그들에게는 상처이고 분쟁의 단초를 제공하는 것 시발점이 될 수 있다. 임차인이 거주를 지속하겠다고 하지 않는 이상 전액을 배당받는 임차인은 이사 나가는 시기만 조율하면 될 뿐이며 집행 이야기는 할 필요도, 이유도 없는 것이라고 생각한다.

조금만 더 낙찰자로서 너그러운 마음으로 기다려 주는 마음가짐을 가지면 임차인 측에서 배당을 위해서라도 먼저 나가겠다는 말이 반드시 나올 수밖에 없는 상황이며 그때 배당받는 필수 서류인 명도확인서로 협상을 하여 웃으면서 헤어져야 서로가 윈-윈 이라고 할 수 있겠다. 정 마음이 급하거나 사정이 급한 경우라면 조금이라도 이사 비용을 지불하는 방식으로 협상을 진행하는 방향으로 접근해야 하지 낙찰받았으니까 내 집에서 빨리 안 나가면 집행한다고 인도명령장을 흔들어대며 압박하는 것은 낙찰자인 본인이 오히려 진 것이나 다름없다는 사실을 깨달아야 한다.

*** 인도명령이란?**

거주하는 임차인이나 소유자에게서 부동산을 인도받기 위해서 법적으로는 명도소송을 진행하는 것인데, 민사집행법은 원활하고 조속한 법적 권리확정을 지을 수 있는 경매절차를 위해서 명도 소송 없이 대항력 있는 점유자가 없는 경우 낙찰자의 신청에 따라 인도명령을 내어주는 것으로 보다 신속한 사건종결을 도모하고 있다. 인도명령의 결정이 나면 결정문으로 협상이 되지 아니한 점유자를 집행관에게 강제집행신청을 하여 임차인이나 소유자의 점유를 해제하여 낙찰자가 인도받을 수 있는 법적 집행절차 제도이다.

다음으로 전액은 아니지만, 일부 배당받은 임차인의 경우, 배당을 아주 조금밖에 못 받는 경우와 꽤 많은 금액을 잃는 경우가 있다. 어느 경우이든 임차인의 심정은 매우 좋지 아니할 것이기에 조심스럽게 명도에 임해야 웃으면서 헤어질 수 있을 것이며 어느 정도 이사 비용이 필요하다고 본다. 물론 어느 정도가 적정선인지가 쟁점일 텐데 집행비용 이내에서 협상하는 것이 가이드라인이라고 본다.

낙찰자가 임차인이 배당 못 받게 한 것도 아니고 사실상 이런 경우 내막을 보면 부동산에서 불안전한 계약을 진행하였거나 본인이 만약의 경우 전액 보증금이 배당되지 아니할 것을 알면서도 시세보다 저렴하여 이상하여도 '무슨 일 있겠는가?' 하고 긍정적으로 계약한 경우가 대부분이다. 부동산 시장에서 시세보다 저렴한 것은 어떤 경우에도 행운이 아니라 조심해야 하는 물건임을 인지해야 한다. 낙찰자는 여기에 일조한 부분이 없으니 원칙으로 돌아가서 집행비용보다 많은 이사비용을 지불해야 할 이유가 없다고 본다.

임차인의 경우 막무가내로 배당 못 받는 부분을 이사비용으로 요구하는 경우가 많은데 집행비용 이상을 이사비용으로 지불할 수 없는 이유를 임차인에게 논리적으로 잘 이해시켜서 협상하여야 한다. 이런 경우 현실적으로 배당 기일이 다가오면 보통 남은 보증금이라도 받기 위해 협상에 응하게 될 수밖에 없으니 낙찰받고 초기에 너무 조급하게 내보내려는 것보다 해야 할 이야기를 한 뒤에는 마음 편하게 기다리는 것이 제일 좋은 방법이다. 적은 돈도 포기하는 사람은 결코 적지 않은 경매 경험 중에서 아직까지 단 한 번도 경험해 보지 못했기 때문이다.

그다음으로는 경매로 소유권이 이전된 집에 이전 소유자가 거주하는 경우가 있다. 이들은 우선 임차인과는 다르게 명도확인서가 배당받을 금액이 존재한다 해도 필요가 없다. 명도확인서는 이들에게는 전혀 무관하기에 내 집이니까 나가라고 강제집행할 요량이 아니라면 이사 비용이 거의 필연적이라고 보아도 무방한데 물론

이 경우에도 집행비용 이내에서 협상해야 할 것이다.

사안에 따라 다를 수 있겠지만, 소유자가 점유하고 있는 경우에는 대부분 인도명령 신청에 법원이 빠른 결정을 낸다. 반면 배당받을 임차인이 있는 경우에는 배당기일이 가까운 전후로 해서 인도명령 신청을 결정해준다. 따라서 낙찰자의 경우는 잔금 납부와 동시에 인도명령 신청을 하고, 점유자가 빨리 집을 비워줄수록 이사 비용은 많고 시간이 지날수록 낙찰자 측이 집을 사는데 발생한 대출 이자 등의 지출이 생길 수밖에 없기에 이사 비용이 줄어들게 되고 최후의 경우 강제 집행할 수밖에 없음을 주지시켜서 원만하게 이사 나가도록 합의를 도출해 내는 것이 좋겠다.

아무런 비용을 지출할 생각 없이 '내 집이니까 나가라'고 한다면 정보가 오픈되어 있는 시대에 소유자 측도 경매 관련 공부를 할 수도 있고 주변에 조언 구할 곳은 산재해 있으니 낙찰자의 요구가 지나치다는 생각이 들면 서로 힘든 명도 과정을 걷게 될 것이다. 낙찰자 입장에서 '내 집이니까 나가야 하는 것은 당연'하다 할 수 있겠지만, 점유자 입장에서는 '집행할 때 되면 나가도 되지 않느냐'고 생각할 수도 있지 않겠는가? 한 손에는 이사비용이라는 협상 카드와 다른 한 손에는 인도명령을 들고 협상을 진행해야 하지 인도명령만 들고 협상하려고 하면 역공을 맞을 가능성이 매우 크니 이사 비용을 지불해야 함을 인정하고 그 액수를 협상하여야 한다.

강제 집행은 하면 할수록 낙찰자는 심신이 지치고 대출 이자 상환 등의 비용도 적지 않게 발생하는 데다 해당 물건의 목적이 임대

투자였다면 그 기간만큼의 임대수익 미발생도 손실로 포함하여야 하는 만큼 집행 완료 시점까지의 시간도 고려하여야 한다. 무엇보다 지속적인 경매 투자자라면 마음 편하게 진행해야 오랫동안 안전하게 투자할 수 있을 것이다.

큰 스트레스 한방에 돈이고 뭐고 필요 없다고 하며 경매시장 떠난 이들도 많이 겪었는데 경매도 사람 상대하는 일의 하나임을 이해하고 참여하는 것이 좋겠다. 만나는 사람마다 법대로 진행하는 사람은 아마도 속이 상해 제명대로 살지 못할 것이니 처음부터 법적 집행은 최후의 단계라고 생각하고 협상에서 마무리한다는 생각을 가장 최우선으로 진행해야 오랫동안 경매시장에 머물며 수익의 기회를 가질 수 있을 것이다.

14

명도,
어렵기만 할까?

경매 물건을 낙찰받은 후 해당 물건은 인도받기까지 남은 마지막 단계로 사람을 상대하는 일이고, 사람이 제각각인 데다 같은 사람이라도 처한 상황에 따라 또 다르게 반응하기도 하니 명도에 대해서는 딱히 꼬집어 "이것이 답이다!"라고 말할 수 있는 것이 없다.

반드시 음료수를 사 들고 가서 구구절절 점유자의 얘기를 다 들어줄 필요도 없고, 혹은 담배 피우며 고압적인 태도로 점유자를 윽박지를 일도 아니라고 생각한다.

가장 정답에 가까운 것은 점유자에게 경매 낙찰자인 본인의 입장을 정확히 이해시키고 이사 비용을 의무적으로 주는 것이 아님을 인지시킨 후 협상을 하는 것이 바람직하다고 생각한다. 강제 집행까지 가는 것은 그 기간 해당 물건을 직접 혹은 임대를 해서라도 사용하지 못한다는 의미이고 그것은 곧 협상의 실패라 말할 수 있을 것이다.

점유자 중 임차인들은 간혹 낙찰자 때문에 본인이 그 상황을 겪었다고 오인하는 경우가 의외로 잦은데 전 집주인의 문제로 이 상황이 발생한 것을 주지시키는 것이 좋다. 이전 집주인을 욕하는 것을 공감하여 대화를 이끌어 가면 공통의 적이 생기고 동질감을 느껴 대화를 수월하게 마치는 경우도 매우 잦았다.

상반된 방법으로 점유자를 직접 만나지 않고 해당문에 쪽지를 붙여두고 서면으로 낙찰자의 요구사항을 전달하는 것도 하나의 방법이다.

같은 얘기라도 감정이 상한 상태에서 진행하다 보면 말이 헛나올 수도 있고 의도와 다른 내용으로 점유자가 오해하여 차후 트러블이 생기거나 하는 것을 막기에 좋은 수단 중 하나라고 생각한다. 다만 서면 작성에 있어 문체의 정중함과 단호함이 엿보여야 좀 더 수월하게 진행했던 경험이 있으므로 문장력이나 사용 단어에 기품이 있고 없음은 그 대화의 진행 방향이 달라지는 경우가 많으므로 작문 공부에도 틈틈이 신경 써야 할 필요가 있을 것이다.

처음 하는 일은 대부분의 사람에게 어렵다고 한다. 그것은 그 일이 정말 어려워서라기보다 해보지 않은 분야에 대한 두려움이 어렵게 만드는 경우로 실제로 겪어보면 의외로 손쉽게 진행되어 기존에 두려움을 가졌던 것을 부끄러워할 수 있다.

사람을 대하는 것 자체를 어려워하는 이들도 있을 것이고 더욱이 금전이 관계된 내용이라면 더욱 그러할 수 있는데, 그런 이들은 임차인이 100%나 100%에 가깝게 배당을 다 받는 물건을 골라 입찰하면 낙찰 시 명도가 수월할 것이다. 해당 임차인은 낙찰자의 인감증명서와 인감이 날인된 명도확인서가 있어야만 배당받을 수 있기 때문에 오히려 호의적일 수도 있기 때문이다.

뜻이 있는 곳에 길이 있다고 하였으나 이미 우리는 길은 원래 있었고 뜻이 있어야 그 길을 찾을 수 있다는 것을 잘 알고 있다. 계속적인 관심과 노력만이 결실을 맺는 지름길일 것인데 다만 낙찰도 되지 않았는데 명도부터 걱정하여 입찰하지 않는 우를 범하지는 말아야 함을 당부한다.

15

PC와 스마트폰을 활용한
자료 정리 노하우

요즈음 국민 대부분이 지갑보다 더 자주 들고 더 가까이하는 것이 휴대폰일 것이다. 그리고 과거와 같은 피처폰feature phone은 거의 상당수 스마트폰으로 대체되었는데, 신제품으로 피처폰이 출시되는 경향이 없다시피 한 이유가 가장 클 것으로 사용자의 의사와 상관없이 스마트폰을 택할 수밖에 없는 현실이 안타깝지만, 제조사들도 수익이 나지 않는 분야에 기술투자를 해야 할 필요가 없기 때문에 이해도 되는 부분이다.

스마트폰은 점점 고성능화되고 월 통신료를 생각해도 알게 모르게 그만큼의 값을 치르고 구매하였는데, 활용도면에서는 여전히 피처폰처럼 전화 통화, 문자메시지, 카카오톡, 카메라 사용 등의 이용 정도만으로 제한적으로 활용하는 이들을 위해 부동산 경매생활 및 일상생활에 플러스가 되게 하는 앱App과 이용방법의 노하우를 전하고자 한다.

부동산 경매 공부 중이라도 마찬가지지만 특히 어느 정도 마친 시점에 직접 경매낙찰이나 참어를 위해 물건을 찾고, 분석하고, 임장하고, 입찰하는 일련의 과정 속에서 대부분의 이들이 가장 많은 시간을 할애하는 것은 물건을 찾는 활동일 것이다. 나머지는 물건이 검색된 후에 그 물건에 대해 진행되는 상황이기에 분명할 것인데 인간의 물리적인 하루의 시간은 공평하게 24시간이지만, 직장인이라면 퇴근 시간과 수면 시간 사이의 시간이, 주부라면 자녀의 유무에 따라 다르겠지만 보통 자녀가 있을 경우 자녀가 학교나 어린이집에 갈 나이라는 가정하에 혼자 있는 그 시간의 일부를 본인에게 투자할 수 있는 시간일 것이다.

이러한 제한적 시간 안에 가장 많은 정보를 얻을 수 있는 것은 손품을 팔아 인터넷상에서 진행되는 경매 물건 중에서 본인의 상황이나 사정에 맞는 물건들을 검색하여 확정하고 이후 과정이 진행되는 것이다. 그렇게 찾은 정보들과 나름대로 분석한 내용들을 어딘가에는 기록할 것인데 개인의 취향이나 습관이든, 오프라인의 감성이든 메모지나 노트 혹은 다이어리 등에 직접 기재하는 이들이 상당히 많은 것을 알게 되었다. 초반에는 그 취급 물량이 적어 가능하겠으나 그러한 나날이 늘어갈수록 양이 많아짐에 따라 이전에 메모한 부분을 찾아야 할 상황이 있거나 비교해야 할 상황이 있다면 정리를 웬만큼 잘하지 않는 이상 찾는 데 시간이 걸리는 것이 보통이다. 과거에 비해 수정된 정보가 있을 때 새로 메모를 해야 함에 메모가 지저분해지고 그것을 나중에 보았을 때 정확하

게 인지가 안 되거나 인지에 오랜 시간을 쓸 가능성이 큼은 불을
보듯 뻔하다.

이러한 아날로그 방식이 나쁜 것은 아니지만 단언컨대 효율적이
라고 할 수 없다.

손품을 판다고 하면 인터넷에서 보고 검색한 정보일 것인데 인
터넷에 저장하는 것이 좋다고 생각하지만, 인터넷 접속에 비용을
부담하고 있으니(매번 wifi 환경을 찾아다니면 그 시간 소모가 아날로그와 다를 바
없으니) 메모한 내용을 확인할 때마다 인터넷에 접속해야 하는 상황
은 원치 않는 분들이 있을 테니 이러한 문제점까지 감안된 해결책
이 필요하다는 구체적인 상황이 제시되었다.

① 우선 무료여야 한다.
② 경매 입찰 인원의 연령층을 감안하여 일단 쉬워야 한다.
③ PC로 수집하거나 메모한 정보를 스마트폰에서도 볼 수 있어
　야 한다.
④ 해당 메모를 볼 때 계속적인 인터넷 사용량 소모가 있으면
　안 된다.

이러한 내용을 충족시키며 오랜 기간 서비스되어 안정적이면서
도 여러 가지 플러그인들을 통해 확장할 수 있는 모든 것을 충족
시키는 해답으로 에버노트(www.evernote.com)를 소개하려 한다.

에버노트는 계정을 만들어 해당 계정에 메모를 기록하고 어디서
나 로그인하면 볼 수 있는 웹 서비스이다. 무료(베이직) 계정이라도

매월 60mb까지 저장하고 팀원이나 프로젝트 구성원들과 공유도
할 수 있다. 물론 웹 서비스 기반만이라면 4번 이슈에 위배되어 접
속할 때마다 인터넷 사용량을 소모해야 하지만 PC에는 전용 PC
프로그램이 있고 스마트폰에도 마찬가지로 전용 앱이 있어 wifi 환
경에서 웹에 저장된 내용을 가져와 동기화를 해두면 인터넷 연결
없이도 사전에 저장한 메모들을 확인하거나 수정, 검색 등으로 이
용할 수 있다.

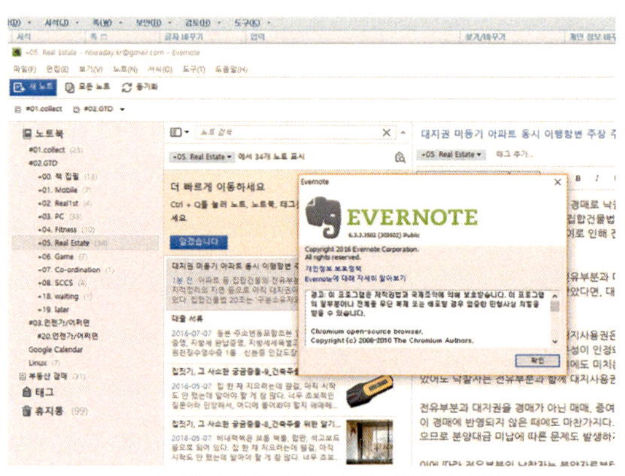

Evernote PC용 프로그램 이용 중 화면 갈무리

상기 이미지는 PC용 프로그램으로 접속 중인 것으로 맨 왼쪽은
사용자가 직접 만든 메뉴 라인이고, 가운데는 그 메뉴 아래에 저
장해둔 메모의 제목과 요약 내용, 이미지를 표기하고 있고, 에버노
트 정보에 가린 맨 우측은 해당 메모의 본문이 표기된다.

전용 프로그램이 없어도 웹에서 로그인하여 바로 볼 수 있고 인

터넷 익스플로러 외에도 구글 크롬, 모질라의 파이어폭스, 애플의
사파리 등 여러 브라우저로 접속할 수 있기에 윈도우를 사용하지
않는 크롬북이나 매킨토시 환경에서도 이용하는 데 어려움이 없어
범용성이 우수하다.

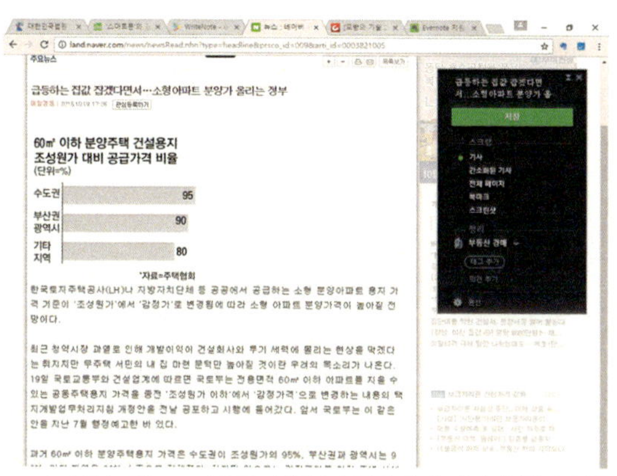

Evernote Web Clipper 프로그램으로 포털에서 기사만 골라 갈무리

　해당 이미지는 설명하고자 하는 프로그램의 기능을 보이기 위해
최근 아무 기사나 클릭하여 갈무리한 것으로 콘텐츠를 도용하고
자 한 것은 아님을 미리 밝히며 일부나마 게시된 것에 저작권자께
사과드린다.

　에버노트를 선택한 또 한 가지 이유는 직접 제공하는 상기 이미
지와 같은 확장 프로그램을 제공한다는 점이다.

　이미지의 URL 표시 줄 옆 파란 코끼리 아이콘을 누르면 우측과
같은 스크랩 메뉴가 팝업되는데 현재-스크랩-라인 아래 [기사] 메뉴

에 체크가 되어 있어 좌측의 갈무리 되는 기사 영역 외에는 흐릿하게 처리 된 것을 볼 수 있다. 팝업 메뉴의 -정리- 라인 아래 [부동산 경매]라는 위치로 저장될 예정이라는 것을 보여준다.

요즘 인터넷 시대를 맞아 오프라인의 지면 신문을 보는 경우가 적어졌으나 정보를 얻는 방법의 차이가 발생하였을 뿐이지 여전히 경제신문이나 경제 관련 뉴스에는 촉을 세우고 있는 분들이 각 기사를 스크랩하여 보관하기에 매우 적절한 기능이라 할 수 있을 것이다.

물론 모든 웹 사이트가 이렇게 부분만 갈무리가 여러 가지 사유로 가능하지 않은데 그런 사이트의 경우 콘텐츠 내용을 이미지로 갈무리하여 이미지 자체를 기록해 두면 된다. 이미지 내의 글자에 대한 검색이 되기도 하는 신기한 기능이 있지만, 매우 정확하지는 않다.

앞서 언급한 확장 프로그램은 에버노트 사에서 직접 만들어 배포한 것으로 그 외에 다른 써드파티 업체들에서 만든 프로그램들을 활용하면 좀 더 빠른 기록이나 예쁜 형태로 가공할 수 있는 점도 매력적이다. 덧붙여 무료 계정에는 없는 기능이지만 현재 1년간 55,000원에 이용할 수 있는 프리미엄 계정으로 업그레이드할 경우 여러 기능과 저장 용량이 추가되는데 프레젠테이션 작업이 많은 이들은 따로 Power Point 자료로 만들지 않아도 프레젠테이션 모드를 통해 바로 보여주는 기능을 가지고 있다.

부동산 경매를 같이 공부하는 이들과 스터디를 구성하여 에버노트를 성공적으로 활용한 경험을 소개한다.

아무래도 작은 모바일 환경 보다는 큰 화면을 볼 수 있는 PC에서 각자 자료를 모아 에버노트에 저장하고 각기 다른 지역에 임장을 가서 휴대폰으로 물건 사진을 찍어 에버노트로 보낸다. 공유기능을 통해 조별 발표 자료를 만들 때 상대방의 자료를 보고 의견을 조율할 수 있었기에 굳이 매번 만나지 않아도 되었고, 발표 수업을 할 때 프레젠테이션 기능을 통해 각 조원이나 개별로 조사한 자료를 화면으로 발표하니 여러 명이 한 번에 보기도 편하고 발표 자료를 파일로 제공하여 각자의 생각을 파일에 직접 수정이나 추가하여 보관할 수 있으니 지류로 출력할 필요도 없어 모두들 좋아하였다. 더러 PC가 없는 스터디 구성원들도 있었지만 PC방을 가거나 스마트폰만으로 참여에 어려움이 없었고, 무엇보다 좋은 점은 따로 배우는 시간을 들이지 않다시피 하다는 점을 꼽았다.

스마트폰을 최저 요금제로 이용할 경우 기본 제공하는 통화량이나 데이터양이 적어 활용 가능한 요금제를 이용할 경우에도 할부 원금을 제외하고 최소 월 3~4만 원은 될 것이다. 최근 이사하며 오래된 냉장고, 김치냉장고, 세탁기, UHD TV 등을 교체하였는데 단일 품목으로 납부하는 비용도 스마트폰이 결코 싸지 않고, 각 가전제품의 사용 기간을 고려하면 2년 전후로 교체하는 스마트폰은 합친 가격보다도 비싸다는 것을 새삼 깨닫게 되었다. 인지를 안 한 상황에서 비싼 값을 치르고 이용하고 있음을 깨달아 조금 더 알차게 잘 활용하면 좋겠다는 생각을 전한다.

끝을
맺으며

요즈음 부동산 경매에 대해 묻는 주변인들이 부지기수로 늘어났다. 회사 안의 동료들이나 친목 등 경매와 다른 목적의 동호회에서 안면 정도만 있는 여러 지인들이 평소와 달리 적극적으로 다가와 각기 표현하는 방식은 다르지만 '부동산 경매 공부를 어떻게 시작하여 언제 공부를 끝내고 실전에 임해야 하느냐?'는 의도가 내포된 질문을 자주 받음을 느낀다. 공부의 끝은 경매 시장에서 '발을 빼는 순간까지'라고 해야 할 테니 공부를 시작하는 방법과 적어도 입찰을 시도할 지식과 용기를 갖추는 최소한의 시점 내지 판단을 하는 방법을 묻는 것이다.

공부를 시작하는 방법론 중 가장 저렴하고 쉽게 접근할 수 있는 방법은 부동산 경매 서적들을 읽어보는 것으로, 본인의 적성 여부를 스스로 판단해 보는 것이라 할 수 있을 것이다. 단, 책을 통해 입문하려는 이들이라면 여러 사람이 쓴 책들을 한 번이 아닌 두, 세 번은 읽도록 권유하고 있다. 책에서만 국한된 내용이 아닌 하나의 예로 어떤 영화를 본 후 마음에 들어 추후 다시금 보았을 때,

이미 본 영화기에 처음 볼 때처럼 주인공이나 줄거리에 집중하지 않고 주변 인물들과 환경, 연출 등으로 시야가 넓어지는 경우가 한 번쯤 있었을 것이다. 처음 볼 때 미처 보지 못한 부분이나 핵심 이야기를 뒷받침하여 여러 요소들로 더욱 작품을 잘 이해할 수 있던 경험, 꼭 영화가 아니더라도 책은 말할 것도 없거니와 TV 드라마나 4분 남짓한 플레이 타임을 가진 음악에서도 느낄 수 있었으니 같은 책을 반복해서 읽을 필요를 권하는 방증이다.

그렇다면 언제 입찰을 할 준비가 된 것일까?

주변에 오랜 시간을 공부하며 객관적으로 보아도 충분한 지식을 쌓은 이가 있는데 본인 스스로 준비가 안 되었다고 느끼는 것인지 혹은 앞서 언급한 미경험 분야에 대한 공포심인지 몇 년째 공부만 하는 이가 있다. 무슨 일이든 처음 하는 일은 그 실제 난이도에 비해 경험하지 못한 부분에 대한 두려움이 가중되어 실제보다 더 크고 거대하며 어렵게만 느껴지는 것을 모르는 바가 아니다. 어렵게 용기 내어서든 우연치않든 실제로 경험 후 생각했던 만큼의 경우도 있겠지만, 해보지 않았을 때 가졌던 막연한 두려움보다는 경험해보니 '생각보다 쉽다'고 느낀 경험이 더 많으리라 생각한다. 이런 이들에게는 패찰 될 만한 금액 혹은 무효가 될 수 있는 입찰표 작성으로라도 일단 입찰을 실제로 해보라 권하고 있는데, 그 이후는 각자의 몫일 것이다.

끝으로 이 책을 공동 집필하며 깨닫게 된 자의적으로 해석하여 잘못 알고 있던 부분을 바로잡아 주고, 부동산 경매 생활에 있어 다음 단계로 나아갈 수 있는 길을 열어 준 조동진 소장님께 가장 먼저 감사를 전하고, 이따금 상의 없이 제멋대로 결정하여 가족들에게 상처를 주기도 하는 부족한 아들이자 형이지만 늘 함께 있어 힘이 되고 살아가는 이유가 되는 가족들에게 평소 표현하지 못한 고마움을 전하고자 한다. 덧붙여 할 수 있는 일을 찾아 능동적으로 움직이지 않고, 지시된 일을 적당히 잘하며 소속 회사의 간판을 방패막이로 착각하여 나태하고 수동적으로 살아오다 이 책을 집필함을 계기로 본연의 모습을 찾으려 변화를 모색하는 스스로에게 '인지한 바를 제대로 실천하라'는 메시지를 전하며 마친다.

2016년 12월

한종규

부록
1. 낙찰 후 관계 서류 모음

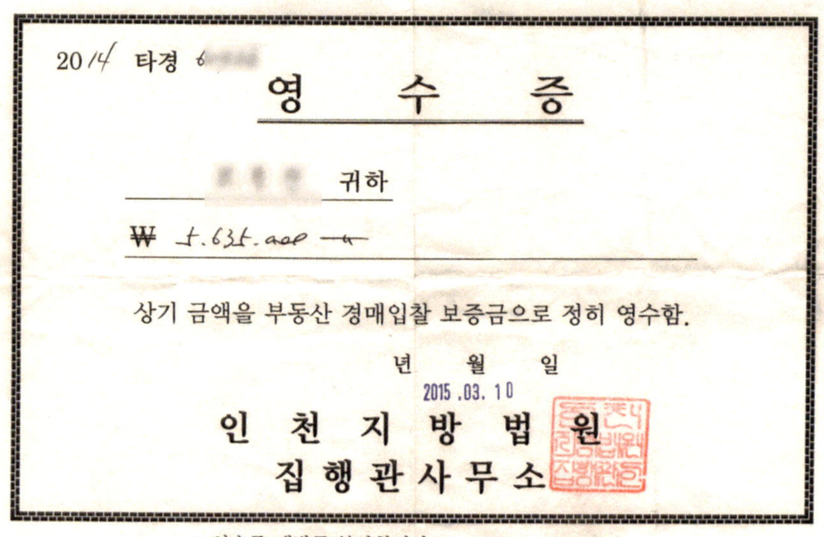

경매 입찰일에 최고가매수신고인이 되면 상기와 같은 영수증을 발급해 준다.

인 천 지 방 법 원

대금지급기한통지서

사　　　　건　　2014타경6◯◯◯◯　부동산임의경매

채　권　자

채　무　자

소　유　자　　◯◯◯ 외 1명

매　수　인　　◯◯◯

매　각　대　금　　56,679,000원

대　금　지　급　기　한　　2015. 4. 17.　10:00　민사집행과 경매10계

위와 같이 대금지급기한이 정하여졌으니 매수인께서는 위 지급기한까지 이 법원에 출석하시어 매각대금을 납부하시기 바랍니다.

해당물건번호 : 1(56,679,000원)

2015. 3. 25.

법원주사보　　◯　◯　◯

낙찰 후 매각허가결정이 되면 대략 10일 전후로 상기와 같은 대금지급기한 통지서를 받는다.

낙찰대금완납증명원

채권자 ████████████

채무자 ████

소유자 ███ 외1

낙찰자 ███

위 당사자간 귀원 2014타경6██████ 부동산임의(강제)경매 사건에 관하여 낙찰인은 별지목록기재 부동산을 낙찰하고 동 대금을 다음과 같이 완납 하였음을 증명하여 주시기 바랍니다.

다   음

1. 낙찰대금56,679,000원

1. 낙찰대금완납년월일 : 서기 20 년   월   일

1. 낙찰인 : ███

서기 20 년   월   일

위 낙찰인

인천지방법원   경매10계 귀중

낙찰대금을 완납했다는 서류인데, FAX 수신 시 이면지에 출력해서 뒤에 초록 글씨들이 배겨 나왔다.

주부와 **직장인**을 위한
99% 안전 경매

내 용 증 명

수신인

1. 관리비는 원칙적으로 사용한사람이 부담하는것이고 원래 낙찰자부담인것이 아닙니다. 현재 법원도 공실이었던 상가가 아닌이상 관리비는 낙찰자에게 부담시키지 않고 사용자에게 부담되게 판결되고 있습니다. 따라서 저희는 관리비 정산하고 정상적인인도를 해야 명도확인서를 드릴수 있습니다. 그리고 상식적으로 누가봐도 이상하게 사용한사람이 관리비를 내지 아니하는 이런 이상한 임대차계약을 주장하시면 아마도 법원은 허위임대차계약으로 판단할수도 있으니 그런주장은 신중히 생각하고 하시기 바랍니다. 임차인이 사용한 진정한계약이 맞다면 관리비 정산하고 인도하시기 바랍니다.

2. 보증금 회수되면 퇴거한다고 하셨는데 경매절차에서는 원래 상가임대차보호법5조3항에 따라 현재소유자에게 인도를 먼저해야 배당금을 받는것입니다. 먼저 소유자에게 인도를해야 법원에서 보증금을 수령하는것이지 보증금을 먼저 받고 나갈 방법은 없습니다. 법 때문에 명도확인서를 법원에서 가져오라고 하는것 입니다. 현재 법원경매시장에 인도도 없었는데 인도한 것으로 명도확인서를 허위작성하여 먼저주는 그런 낙찰자는 아무도 없습니다.

3. 이제는 저희쪽도 상가를 사용도 못하고 계속 피해보고 있을수 없기에 법원에 집행절차를 신청하겠습니다.

4. 5월10일까지 정상적인 인도를 한다면 월세나 손해배상은 청구하지 않겠습니다.법원집행관을 통해 인도될시에는 주변상가시세로 임차인에게 월세와 손해배상,소송비용 및 집행비용을 청구하겠습니다.

5. 배당기일이 가까워오니 감정적으로만 생각하지 마시고 현명하게 선택과 판단을 하여 이 사건을 마무리하시고 새로운사업에 집중하셔서 번창하시길 바라겠습니다.

발신인

* 문의처 :

상가 낙찰 후 이전 점유자와 명도 중 내용 증명 발송 내용, 정해진 형식은 없지만 정중하면서도 단호한 문체 사용은 성공률을 높인다.

권리신고 및 배당요구신청서(상가임대차)

사건번호 2014 타경 60○○ 부동산강제(임의)경매

채 권 자

채 무 자

소 유 자 　　외 1

　임차인은 이 사건 매각절차에서 임차보증금을 변제받기 위하여 아래와 같이 권리신고 및 배당요구신청을 합니다.

1	임차부분	⊙전부, 일부(　층 전부), 일부(　층 중 　　㎡) (※건물 일부를 임차한 경우 뒷면에 임차부분을 특정한 내부구조도를 그려 주시기 바랍니다)
2	임차보증금	보증금 일천만원(₩10,000,000)원에 월세 　　　원
3	점유(임대차)기간	2014. 5. 1. 부터 2015. 4. 30. 까지
4	사업자등록신청일	2014. 5. 1.
5	확정일자 유무	⊙유(2014. 5. 1.), 무
6	임차권·전세권등기	유(20 . . .), ⊙무
7	계약일	2014. 4. 30.
8	계약당사자	임대인(소유자)
9	건물의 인도일	2014. 5. 1.

첨부서류

1. 임대차계약서 사본 1통
2. 등록사항 등의 현황서 등본 1통
3. 건물도면의 등본 1통 (건물 일부를 임차한 경우)

2014. 11. 5.

권리신고 겸 배당요구신청인

(주소 : 인천시

(연락처 :

인천 지방법원　　　　　귀중

※ 임차인은 기명날인에 갈음하여 서명을 하여도 되며, 연락처는 언제든지 연락가능한 전화번호나 휴대전화 번호 등(팩스, 이메일 주소 등 포함)을 기재하시기 바랍니다.

상가 임대차의 배당 요구 신청서 작성 건으로 주택은 아니나 동일 사건 내용으로 다루었다.

인 천 지 방 법 원

결   정

정본입니다.

2015.05.11

법원주사보

사   건   2015타인   부동산인도명령
신 청 인
           인천
피신청인
           인천

주   문

피신청인은 신청인에게 별지목록 기재 부동산을 인도하라.

이   유

이 법원 2014타경60   부동산임의경매에 관하여 신청인의 인도명령 신청이 이유 있
다고 인정되므로 주문과 같이 결정한다.

2015. 5. 11.

판   사

2015-0048519754-41A93   위변조 방지용 바코드 입니다.   1 / 2

인도명령 정본으로 점유자에게 물건을 낙찰자에 인도하라는 법원 명령이다.

별지

목   록

2015타인 ▓▓

1.   1동의 건물의 표시
        인천광역시 ▓▓▓ ▓▓▓ ▓▓▓
        ▓▓▓▓▓▓

        [도로명주소] ▓▓▓▓▓ ▓▓▓ ▓▓▓▓ ▓

        전유부분의 건물의 표시
        1층 에이110호
        철근콘크리트조
        39.84㎡

        대지권의 목적인 토지의 표시
        토지의 표시 : 1. 인천광역시 ▓▓▓ ▓▓▓ ▓▓▓
                    대 9266.6
        대지권의종류 : 1. 소유권
        대지권의비율 : 1. 9,266.6분의 6.75

이전 인도명령의 별지로 인도 대상인 물건의 주소나 건물, 토지의 표기가 있다.

주부와 **직장인**을 위한
99% 안전 경매

동산매매계약서

매도인 ○○○(이하 "갑"이라 한다)과 매수인 ◎◎◎(이하 "을"이라 한다)은 아래 표시의 동산에 관하여 다음과 같이 합의하여 계약을 체결한다.

매매목적물의 표시 : 인천광역시 ▨▨▨▨▨▨ 내부의
책상, 의자, 에어컨, 냉장고 및 책상의자의 현재 있는 모든 집기류일체

제1조(목적) 갑은 위동산일체를 을에게 매도하고 을은 이를 매수한다.

제2조(매매대금) ① 매매대금은 금 ＿ 원으로 하고 다음과 같이 지급하기로 한다.

 계약금 : 금　　　　원은 계약체결시에 지급하고
 중도금 : 금 칠십만원 원은　　년　월　일에 지급하며
 잔　금 : 금　　　　원은　　년　월　일에 지급하기로 함.

 ② 제1항의 계약금은 잔금 수령시에 매매대금의 일부로 충당한다.

제3조(매매물건의 인도) 갑은 을의 잔금지급과 동시에 갑의 비용과 책임으로 매매물건을 을에게 인도하여야 한다.

제4조(매도인의 담보책임) 매매물건은 계약시 상태를 대상으로 한다.

 계약을 증명하기 위하여 계약서 2통을 작성하여 갑과 을이 서명·날인한 후 각각 1통씩 보관한다.

종대금 칠십만원 전부 목적물이 있는 장소의 관리비
잔액과 상계 처리 하였음

20 15. 5. 13.

매도인 인천시 ▨▨▨▨▨

▨▨▨▨ 01 ▨▨▨

매수인 인천광역시 ▨▨▨▨▨

이전 점유자가 관리비도 미납했을 뿐 아니라 집기류도 그대로 방치하여 해당 집기류를 구매하는 조건으로 체납 관리비와 상계 처리한 것으로 부분 수기 작성도 무방하다.

<h1 align="center">명 도 확 인 서</h1>

사건번호 : 2014 타경 60███

이　　　름 : 이██ (주소:인천광역시 ████████████████████████)

주　　　소 : 인천광역시 ████████████████████████

　위 사건에서 위 임차인은 임차보증금에 따른 배당금을 받기 위해 매수인에게 목적부동산을 명도하였음을 확인합니다.

첨부서류 : 매수인 명도확인용 인감증명서 1통

2015　　년　5　월　13　일

매 수 인　　　████

연락처(☎)　████████

인천지방법원　　　　　귀중

이전 인도명령의 별지로 인도 대상인 물건의 주소나 건물, 토지의 표기가 있다.

부록
2. 민사집행법

민사집행법

[시행 2015.11.19.] [법률 제13286호, 2015.5.18., 일부개정]

법무부(법무심의관실) 02-2110-3164~5

제1편 총칙

제1조(목적) 이 법은 강제집행, 담보권 실행을 위한 경매, 민법·상법, 그 밖의 법률의 규정에 의한 경매(이하 "민사집행"이라 한다) 및 보전처분의 절차를 규정함을 목적으로 한다.

제2조(집행실시자) 민사집행은 이 법에 특별한 규정이 없으면 집행관이 실시한다.

제3조(집행법원) ① 이 법에서 규정한 집행행위에 관한 법원의 처분이나 그 행위에 관한 법원의 협력사항을 관할하는 집행법원은 법률에 특별히 지정되어 있지 아니하면 집행절차를 실시할 곳이나 실시한 곳을 관할하는 지방법원이 된다.

② 집행법원의 재판은 변론 없이 할 수 있다.

제4조(집행신청의 방식) 민사집행의 신청은 서면으로 하여야 한다.

제5조(집행관의 강제력 사용) ① 집행관은 집행을 하기 위하여 필요한 경우에는 채무자의 주거·창고 그 밖의 장소를 수색하고, 잠근 문과 기구를 여는 등 적절한 조치를 할 수 있다.

② 제1항의 경우에 저항을 받으면 집행관은 경찰 또는 국군의 원조를 요청할 수 있다.

③ 제2항의 국군의 원조는 법원에 신청하여야 하며, 법원이 국군의 원조를 요청하는 절차는 대법원규칙으로 정한다.

제6조(참여자) 집행관은 집행하는 데 저항을 받거나 채무자의 주거에서 집행을 실시하려는데 채무자나 사리를 분별할 지능이 있는 그 친족·고용인을 만나지 못한 때에는 성년 두 사람이나 특별시·광역시의 구 또는 동 직원, 시·읍·면 직원(도농복합형태의 시의 경우 동지역에서는 시 직원, 읍·면지역에서는 읍·면 직원) 또는 경찰공무원중 한 사람을 증인으로 참여하게 하여야 한다.

제7조(집행관에 대한 원조요구) ① 집행관 외의 사람으로서 법원의 명령에 의하여 민사집행에 관한 직무를 행하는 사람은 그 신분 또는 자격을 증명하는 문서를 지니고 있다가 관계인이 신청할 때에는 이를 내보여야 한다.

② 제1항의 사람이 그 직무를 집행하는 데 저항을 받으면 집행관에게 원조를 요구할 수 있다.

③ 제2항의 원조요구를 받은 집행관은 제5조 및 제6조에 규정된 권한을 행사할 수 있다.

제8조(공휴일·야간의 집행) ① 공휴일과 야간에는 법원의 허가가 있어야 집행행위를 할 수 있다.

② 제1항의 허가명령은 민사집행을 실시할 때에 내보여야 한다.

제9조(기록열람·등본부여) 집행관은 이해관계 있는 사람이 신청하면 집행기록을 볼 수 있도록 허가하고, 기록에 있는 서류의 등본을 교부하여야 한다.

제10조(집행조서) ① 집행관은 집행조서(執行調書)를 작성하여야 한다.

② 제1항의 조서(調書)에는 다음 각호의 사항을 밝혀야 한다.

1. 집행한 날짜와 장소

2. 집행의 목적물과 그 중요한 사정의 개요

3. 집행참여자의 표시

4. 집행참여자의 서명날인

5. 집행참여자에게 조서를 읽어 주거나 보여 주고, 그가 이를 승인하고 서명날인한 사실

6. 집행관의 기명날인 또는 서명

③ 제2항제4호 및 제5호의 규정에 따라 서명날인할 수 없는 경우에는 그 이유를 적어야 한다.

제11조(집행행위에 속한 최고, 그 밖의 통지) ① 집행행위에 속한 최고(催告) 그 밖의 통지는 집행관이 말로 하고 이를 조서에 적어야 한다.

② 말로 최고나 통지를 할 수 없는 경우에는 민사소송법 제181조·제182조 및 제187조의 규정을 준용하여 그 조서의 등본을 송달한다. 이 경우 송달증서를 작성하지 아니한 때에는 조서에 송달한 사유를 적어야 한다.

③ 집행하는 곳과 법원의 관할구역안에서 제2항의 송달을 할 수 없는 경우에는 최고나 통지를 받을 사람에게 대법원규칙이 정하는 방법으로 조서의 등본을 발송하고 그 사유를 조서에 적어야 한다.

제12조(송달·통지의 생략) 채무자가 외국에 있거나 있는 곳이 분명하지 아니한 때에는 집행행위에 속한 송달이나 통지를 하지 아니하여도 된다.

제13조(외국송달의 특례) ① 집행절차에서 외국으로 송달이나 통지를 하는 경우에는 송달이나 통지와 함께 대한민국안에 송달이나 통지를 받을

장소와 영수인을 정하여 상당한 기간 이내에 신고하도록 명할 수 있다.

② 제1항의 기간 이내에 신고가 없는 경우에는 그 이후의 송달이나 통지를 하지 아니할 수 있다.

제14조(주소 등이 바뀐 경우의 신고의무) ① 집행에 관하여 법원에 신청이나 신고를 한 사람 또는 법원으로부터 서류를 송달받은 사람이 송달받을 장소를 바꾼 때에는 그 취지를 법원에 바로 신고하여야 한다.

② 제1항의 신고를 하지 아니한 사람에 대한 송달은 달리 송달할 장소를 알 수 없는 경우에는 법원에 신고된 장소 또는 종전에 송달을 받던 장소에 대법원규칙이 정하는 방법으로 발송할 수 있다.

③ 제2항의 규정에 따라 서류를 발송한 경우에는 발송한 때에 송달된 것으로 본다.

제15조(즉시항고) ① 집행절차에 관한 집행법원의 재판에 대하여는 특별한 규정이 있어야만 즉시항고(卽時抗告)를 할 수 있다.

② 항고인(抗告人)은 재판을 고지받은 날부터 1주의 불변기간 이내에 항고장(抗告狀)을 원심법원에 제출하여야 한다.

③ 항고장에 항고이유를 적지 아니한 때에는 항고인은 항고장을 제출한 날부터 10일 이내에 항고이유서를 원심법원에 제출하여야 한다.

④ 항고이유는 대법원규칙이 정하는 바에 따라 적어야 한다.

⑤ 항고인이 제3항의 규정에 따른 항고이유서를 제출하지 아니하거나 항고이유가 제4항의 규정에 위반한 때 또는 항고가 부적법하고 이를 보정(補正)할 수 없음이 분명한 때에는 원심법원은 결정으로 그 즉시항고를 각하하여야 한다.

⑥ 제1항의 즉시항고는 집행정지의 효력을 가지지 아니한다. 다만, 항고

법원(재판기록이 원심법원에 남아 있는 때에는 원심법원)은 즉시항고에 대한 결정이 있을 때까지 담보를 제공하게 하거나 담보를 제공하게 하지 아니하고 원심재판의 집행을 정지하거나 집행절차의 전부 또는 일부를 정지하도록 명할 수 있고, 담보를 제공하게 하고 그 집행을 계속하도록 명할 수 있다.

⑦ 항고법원은 항고장 또는 항고이유서에 적힌 이유에 대하여서만 조사한다. 다만, 원심재판에 영향을 미칠 수 있는 법령위반 또는 사실오인이 있는지에 대하여 직권으로 조사할 수 있다.

⑧ 제5항의 결정에 대하여는 즉시항고를 할 수 있다.

⑨ 제6항 단서의 규정에 따른 결정에 대하여는 불복할 수 없다.

⑩ 제1항의 즉시항고에 대하여는 이 법에 특별한 규정이 있는 경우를 제외하고는 민사소송법 제3편 제3장중 즉시항고에 관한 규정을 준용한다.

제16조(집행에 관한 이의신청) ① 집행법원의 집행절차에 관한 재판으로서 즉시항고를 할 수 없는 것과, 집행관의 집행처분, 그 밖에 집행관이 지킬 집행절차에 대하여서는 법원에 이의를 신청할 수 있다.

② 법원은 제1항의 이의신청에 대한 재판에 앞서, 채무자에게 담보를 제공하게 하거나 제공하게 하지 아니하고 집행을 일시정지하도록 명하거나, 채권자에게 담보를 제공하게 하고 그 집행을 계속하도록 명하는 등 잠정처분(暫定處分)을 할 수 있다.

③ 집행관이 집행을 위임받기를 거부하거나 집행행위를 지체하는 경우 또는 집행관이 계산한 수수료에 대하여 다툼이 있는 경우에는 법원에 이의를 신청할 수 있다.

제17조(취소결정의 효력) ① 집행절차를 취소하는 결정, 집행절차를 취소한 집행관의 처분에 대한 이의신청을 기각·각하하는 결정 또는 집행관에

게 집행절차의 취소를 명하는 결정에 대하여는 즉시항고를 할 수 있다.

② 제1항의 결정은 확정되어야 효력을 가진다.

제18조(집행비용의 예납 등) ① 민사집행의 신청을 하는 때에는 채권자는 민사집행에 필요한 비용으로서 법원이 정하는 금액을 미리 내야 한다. 법원이 부족한 비용을 미리 내라고 명하는 때에도 또한 같다.

② 채권자가 제1항의 비용을 미리 내지 아니한 때에는 법원은 결정으로 신청을 각하하거나 집행절차를 취소할 수 있다.

③ 제2항의 규정에 따른 결정에 대하여는 즉시항고를 할 수 있다.

제19조(담보제공·공탁 법원) ① 이 법의 규정에 의한 담보의 제공이나 공탁은 채권자나 채무자의 보통재판적(普通裁判籍)이 있는 곳의 지방법원 또는 집행법원에 할 수 있다.

② 당사자가 담보를 제공하거나 공탁을 한 때에는, 법원은 그의 신청에 따라 증명서를 주어야 한다.

③ 이 법에 규정된 담보에는 특별한 규정이 있는 경우를 제외하고는 민사소송법 제122조·제123조·제125조 및 제126조의 규정을 준용한다.

제20조(공공기관의 원조) 법원은 집행을 하기 위하여 필요하면 공공기관에 원조를 요청할 수 있다.

제21조(재판적) 이 법에 정한 재판적(裁判籍)은 전속관할(專屬管轄)로 한다.

제22조(시·군법원의 관할에 대한 특례) 다음 사건은 시·군법원이 있는 곳을 관할하는 지방법원 또는 지방법원지원이 관할한다.

1. 시·군법원에서 성립된 화해·조정(민사조정법 제34조제4항의 규정에 따라 재판상의 화해와 동일한 효력이 있는 결정을 포함한다. 이하 같다) 또

는 확정된 지급명령에 관한 집행문부여의 소, 청구에 관한 이의의 소 또는 집행문부여에 대한 이의의 소로서 그 집행권원에서 인정된 권리가 소액사건 심판법의 적용대상이 아닌 사건

  2. 시·군법원에서 한 보전처분의 집행에 대한 제3자이의의 소

  3. 시·군법원에서 성립된 화해·조정에 기초한 대체집행 또는 간접강제

  4. 소액사건심판법의 적용대상이 아닌 사건을 본안으로 하는 보전처분

제23조(민사소송법의 준용 등) ① 이 법에 특별한 규정이 있는 경우를 제외하고는 민사집행 및 보전처분의 절차에 관하여는 민사소송법의 규정을 준용한다.

② 이 법에 정한 것 외에 민사집행 및 보전처분의 절차에 관하여 필요한 사항은 대법원규칙으로 정한다.

제2편 강제집행

제1장 총칙

제24조(강제집행과 종국판결) 강제집행은 확정된 종국판결(終局判決)이나 가집행의 선고가 있는 종국판결에 기초하여 한다.

제25조(집행력의 주관적 범위) ① 판결이 그 판결에 표시된 당사자 외의 사람에게 효력이 미치는 때에는 그 사람에 대하여 집행하거나 그 사람을 위하여 집행할 수 있다. 다만, 민사소송법 제71조의 규정에 따른 참가인에 대하여는 그러하지 아니하다.

② 제1항의 집행을 위한 집행문(執行文)을 내어 주는데 대하여는 제31조 내지 제33조의 규정을 준용한다.

제26조(외국재판의 강제집행) ① 외국법원의 확정판결 또는 이와 동일

한 효력이 인정되는 재판(이하 "확정재판등"이라 한다)에 기초한 강제집행은 대한민국 법원에서 집행판결로 그 강제집행을 허가하여야 할 수 있다. 〈개정 2014.5.20.〉

② 집행판결을 청구하는 소(訴)는 채무자의 보통재판적이 있는 곳의 지방법원이 관할하며, 보통재판적이 없는 때에는 민사소송법 제11조의 규정에 따라 채무자에 대한 소를 관할하는 법원이 관할한다.

[제목개정 2014.5.20.]

제27조(집행판결) ① 집행판결은 재판의 옳고 그름을 조사하지 아니하고 하여야한다.

② 집행판결을 청구하는 소는 다음 각호 가운데 어느 하나에 해당하면 각하하여야 한다. 〈개정 2014.5.20.〉

1. 외국법원의 확정재판등이 확정된 것을 증명하지 아니한 때

2. 외국법원의 확정재판등이 민사소송법 제217조의 조건을 갖추지 아니한 때

제28조(집행력 있는 정본) ① 강제집행은 집행문이 있는 판결정본(이하 "집행력 있는 정본"이라 한다)이 있어야 할 수 있다.

② 집행문은 신청에 따라 제1심 법원의 법원서기관·법원사무관·법원주사 또는 법원주사보(이하 "법원사무관등"이라 한다)가 내어 주며, 소송기록이 상급심에 있는 때에는 그 법원의 법원사무관등이 내어 준다.

③ 집행문을 내어 달라는 신청은 말로 할 수 있다.

제29조(집행문) ① 집행문은 판결정본의 끝에 덧붙여 적는다.

② 집행문에는 "이 정본은 피고 아무개 또는 원고 아무개에 대한 강제집행을 실시하기 위하여 원고 아무개 또는 피고 아무개에게 준다."라고 적고

법원사무관등이 기명날인하여야 한다.

제30조(집행문부여) ① 집행문은 판결이 확정되거나 가집행의 선고가 있는 때에만 내어 준다.

② 판결을 집행하는 데에 조건이 붙어 있어 그 조건이 성취되었음을 채권자가 증명하여야 하는 때에는 이를 증명하는 서류를 제출하여야만 집행문을 내어 준다. 다만, 판결의 집행이 담보의 제공을 조건으로 하는 때에는 그러하지 아니하다.

제31조(승계집행문) ① 집행문은 판결에 표시된 채권자의 승계인을 위하여 내어 주거나 판결에 표시된 채무자의 승계인에 대한 집행을 위하여 내어 줄 수 있다. 다만, 그 승계가 법원에 명백한 사실이거나, 증명서로 승계를 증명한 때에 한한다.

② 제1항의 승계가 법원에 명백한 사실인 때에는 이를 집행문에 적어야 한다.

제32조(재판장의 명령) ① 재판을 집행하는 데에 조건을 붙인 경우와 제31조의 경우에는 집행문은 재판장(합의부의 재판장 또는 단독판사를 말한다. 이하 같다)의 명령이 있어야 내어 준다.

② 재판장은 그 명령에 앞서 서면이나 말로 채무자를 심문(審問) 할 수 있다.

③ 제1항의 명령은 집행문에 적어야 한다.

제33조(집행문부여의 소) 제30조제2항 및 제31조의 규정에 따라 필요한 증명을 할 수 없는 때에는 채권자는 집행문을 내어 달라는 소를 제1심 법원에 제기할 수 있다.

제34조(집행문부여 등에 관한 이의신청) ① 집행문을 내어 달라는 신

청에 관한 법원사무관등의 처분에 대하여 이의신청이 있는 경우에는 그 법원사무관등이 속한 법원이 결정으로 재판한다.

② 집행문부여에 대한 이의신청이 있는 경우에는 법원은 제16조제2항의 처분에 준하는 결정을 할 수 있다.

제35조(여러 통의 집행문의 부여) ① 채권자가 여러 통의 집행문을 신청하거나 전에 내어 준 집행문을 돌려주지 아니하고 다시 집행문을 신청한 때에는 재판장의 명령이 있어야만 이를 내어 준다.

② 재판장은 그 명령에 앞서 서면이나 말로 채무자를 심문할 수 있으며, 채무자를 심문하지 아니하고 여러 통의 집행문을 내어 주거나 다시 집행문을 내어 준 때에는 채무자에게 그 사유를 통지하여야 한다.

③ 여러 통의 집행문을 내어 주거나 다시 집행문을 내어 주는 때에는 그 사유를 원본과 집행문에 적어야 한다.

제36조(판결원본에의 기재) 집행문을 내어 주는 경우에는 판결원본 또는 상소심 판결정본에 원고 또는 피고에게 이를 내어 준다는 취지와 그 날짜를 적어야 한다.

제37조(집행력 있는 정본의 효력) 집행력 있는 정본의 효력은 전국 법원의 관할구역에 미친다.

제38조(여러 통의 집행력 있는 정본에 의한 동시집행) 채권자가 한 지역에서 또는 한 가지 방법으로 강제집행을 하여도 모두 변제를 받을 수 없는 때에는 여러 통의 집행력 있는 정본에 의하여 여러 지역에서 또는 여러 가지 방법으로 동시에 강제집행을 할 수 있다.

제39조(집행개시의 요건) ① 강제집행은 이를 신청한 사람과 집행을 받을 사람의 성명이 판결이나 이에 덧붙여 적은 집행문에 표시되어 있고 판결

을 이미 송달하였거나 동시에 송달한 때에만 개시할 수 있다.

② 판결의 집행이 그 취지에 따라 채권자가 증명할 사실에 매인 때 또는 판결에 표시된 채권자의 승계인을 위하여 하는 것이거나 판결에 표시된 채무자의 승계인에 대하여 하는 것일 때에는 집행할 판결 외에, 이에 덧붙여 적은 집행문을 강제집행을 개시하기 전에 채무자의 승계인에게 송달하여야 한다.

③ 증명서에 의하여 집행문을 내어 준 때에는 그 증명서의 등본을 강제집행을 개시하기 전에 채무자에게 송달하거나 강제집행과 동시에 송달하여야 한다.

제40조(집행개시의 요건) ① 집행을 받을 사람이 일정한 시일에 이르러야 그 채무를 이행하게 되어 있는 때에는 그 시일이 지난 뒤에 강제집행을 개시할 수 있다.

② 집행이 채권자의 담보제공에 매인 때에는 채권자는 담보를 제공한 증명서류를 제출하여야 한다. 이 경우의 집행은 그 증명서류의 등본을 채무자에게 이미 송달하였거나 동시에 송달하는 때에만 개시할 수 있다.

제41조(집행개시의 요건) ① 반대의무의 이행과 동시에 집행할 수 있다는 것을 내용으로 하는 집행권원의 집행은 채권자가 반대의무의 이행 또는 이행의 제공을 하였다는 것을 증명하여야만 개시할 수 있다.

② 다른 의무의 집행이 불가능한 때에 그에 갈음하여 집행할 수 있다는 것을 내용으로 하는 집행권원의 집행은 채권자가 그 집행이 불가능하다는 것을 증명하여야만 개시할 수 있다.

제42조(집행관에 의한 영수증의 작성·교부) ① 채권자가 집행관에게 집행력 있는 정본을 교부하고 강제집행을 위임한 때에는 집행관은 특별한

권한을 받지 못하였더라도 지급이나 그 밖의 이행을 받고 그에 대한 영수증
서를 작성하고 교부할 수 있다. 집행관은 채무자가 그 의무를 완전히 이행한
때에는 집행력 있는 정본을 채무자에게 교부하여야 한다.

② 채무자가 그 의무의 일부를 이행한 때에는 집행관은 집행력 있는 정
본에 그 사유를 덧붙여 적고 영수증서를 채무자에게 교부하여야 한다.

③ 채무자의 채권자에 대한 영수증 청구는 제2항의 규정에 의하여 영향
을 받지 아니한다.

제43조(집행관의 권한) ① 집행관은 집행력 있는 정본을 가지고 있으면
채무자와 제3자에 대하여 강제집행을 하고 제42조에 규정된 행위를 할 수
있는 권한을 가지며, 채권자는 그에 대하여 위임의 흠이나 제한을 주장하지
못한다.

② 집행관은 집행력 있는 정본을 가지고 있다가 관계인이 요청할 때에는
그 자격을 증명하기 위하여 이를 내보여야 한다.

제44조(청구에 관한 이의의 소) ① 채무자가 판결에 따라 확정된 청구
에 관하여 이의하려면 제1심 판결법원에 청구에 관한 이의의 소를 제기하여
야 한다.

② 제1항의 이의는 그 이유가 변론이 종결된 뒤(변론 없이 한 판결의 경
우에는 판결이 선고된 뒤)에 생긴 것이어야 한다.

③ 이의이유가 여러 가지인 때에는 동시에 주장하여야 한다.

제45조(집행문부여에 대한 이의의 소) 제30조제2항과 제31조의 경우
에 채무자가 집행문부여에 관하여 증명된 사실에 의한 판결의 집행력을 다
투거나, 인정된 승계에 의한 판결의 집행력을 다투는 때에는 제44조의 규정
을 준용한다. 다만, 이 경우에도 제34조의 규정에 따라 집행문부여에 대하

여 이의를 신청할 수 있는 채무자의 권한은 영향을 받지 아니한다.

제46조(이의의 소와 잠정처분) ① 제44조 및 제45조의 이의의 소는 강제집행을 계속하여 진행하는 데에는 영향을 미치지 아니한다.

② 제1항의 이의를 주장한 사유가 법률상 정당한 이유가 있다고 인정되고, 사실에 대한 소명(疏明)이 있을 때에는 수소법원(受訴法院)은 당사자의 신청에 따라 판결이 있을 때까지 담보를 제공하게 하거나 담보를 제공하게 하지 아니하고 강제집행을 정지하도록 명할 수 있으며, 담보를 제공하게 하고 그 집행을 계속하도록 명하거나 실시한 집행처분을 취소하도록 명할 수 있다.

③ 제2항의 재판은 변론 없이 하며 급박한 경우에는 재판장이 할 수 있다.

④ 급박한 경우에는 집행법원이 제2항의 권한을 행사할 수 있다. 이 경우 집행법원은 상당한 기간 이내에 제2항에 따른 수소법원의 재판서를 제출하도록 명하여야 한다.

⑤ 제4항 후단의 기간을 넘긴 때에는 채권자의 신청에 따라 강제집행을 계속하여 진행한다.

제47조(이의의 재판과 잠정처분) ① 수소법원은 이의의 소의 판결에서 제46조의 명령을 내리고 이미 내린 명령을 취소·변경 또는 인가할 수 있다.

② 판결중 제1항에 규정된 사항에 대하여는 직권으로 가집행의 선고를 하여야 한다.

③ 제2항의 재판에 대하여는 불복할 수 없다.

제48조(제3자이의의 소) ① 제3자가 강제집행의 목적물에 대하여 소유권이 있다고 주장하거나 목적물의 양도나 인도를 막을 수 있는 권리가 있다

고 주장하는 때에는 채권자를 상대로 그 강제집행에 대한 이의의 소를 제기할 수 있다. 다만, 채무자가 그 이의를 다투는 때에는 채무자를 공동피고로 할 수 있다.

② 제1항의 소는 집행법원이 관할한다. 다만, 소송물이 단독판사의 관할에 속하지 아니할 때에는 집행법원이 있는 곳을 관할하는 지방법원의 합의부가 이를 관할한다.

③ 강제집행의 정지와 이미 실시한 집행처분의 취소에 대하여는 제46조 및 제47조의 규정을 준용한다. 다만, 집행처분을 취소할 때에는 담보를 제공하게 하지 아니할 수 있다.

제49조(집행의 필수적 정지·제한) 강제집행은 다음 각호 가운데 어느 하나에 해당하는 서류를 제출한 경우에 정지하거나 제한하여야 한다.

1. 집행할 판결 또는 그 가집행을 취소하는 취지나, 강제집행을 허가하지 아니하거나 그 정지를 명하는 취지 또는 집행처분의 취소를 명한 취지를 적은 집행력 있는 재판의 정본

2. 강제집행의 일시정지를 명한 취지를 적은 재판의 정본

3. 집행을 면하기 위하여 담보를 제공한 증명서류

4. 집행할 판결이 있은 뒤에 채권자가 변제를 받았거나, 의무이행을 미루도록 승낙한 취지를 적은 증서

5. 집행할 판결, 그 밖의 재판이 소의 취하 등의 사유로 효력을 잃었다는 것을 증명하는 조서등본 또는 법원사무관등이 작성한 증서

6. 강제집행을 하지 아니한다거나 강제집행의 신청이나 위임을 취하한다는 취지를 적은 화해조서(和解調書)의 정본 또는 공정증서(公正證書)의 정본

제50조(집행처분의 취소·일시유지) ① 제49조제1호·제3호·제5호 및

제6호의 경우에는 이미 실시한 집행처분을 취소하여야 하며, 같은 조 제2호 및 제4호의 경우에는 이미 실시한 집행처분을 일시적으로 유지하게 하여야 한다.

② 제1항에 따라 집행처분을 취소하는 경우에는 제17조의 규정을 적용하지 아니한다.

제51조(변제증서 등의 제출에 의한 집행정지의 제한) ① 제49조제4호의 증서 가운데 변제를 받았다는 취지를 적은 증서를 제출하여 강제집행이 정지되는 경우 그 정지기간은 2월로 한다.

② 제49조제4호의 증서 가운데 의무이행을 미루도록 승낙하였다는 취지를 적은 증서를 제출하여 강제집행이 정지되는 경우 그 정지는 2회에 한하며 통산하여 6월을 넘길 수 없다.

제52조(집행을 개시한 뒤 채무자가 죽은 경우) ① 강제집행을 개시한 뒤에 채무자가 죽은 때에는 상속재산에 대하여 강제집행을 계속하여 진행한다.

② 채무자에게 알려야 할 집행행위를 실시할 경우에 상속인이 없거나 상속인이 있는 곳이 분명하지 아니하면 집행법원은 채권자의 신청에 따라 상속재산 또는 상속인을 위하여 특별대리인을 선임하여야 한다.

③ 제2항의 특별대리인에 관하여는 민사소송법 제62조제3항 내지 제6항의 규정을 준용한다.

제52조(집행을 개시한 뒤 채무자가 죽은 경우) ① 강제집행을 개시한 뒤에 채무자가 죽은 때에는 상속재산에 대하여 강제집행을 계속하여 진행한다.

② 채무자에게 알려야 할 집행행위를 실시할 경우에 상속인이 없거나 상

속인이 있는 곳이 분명하지 아니하면 집행법원은 채권자의 신청에 따라 상속재산 또는 상속인을 위하여 특별대리인을 선임하여야 한다.

③ 제2항의 특별대리인에 관하여는 「민사소송법」 제62조제2항부터 제5항까지의 규정을 준용한다. 〈개정 2016.2.3.〉

제53조(집행비용의 부담) ① 강제집행에 필요한 비용은 채무자가 부담하고 그 집행에 의하여 우선적으로 변상을 받는다.

② 강제집행의 기초가 된 판결이 파기된 때에는 채권자는 제1항의 비용을 채무자에게 변상하여야 한다.

제54조(군인·군무원에 대한 강제집행) ① 군인·군무원에 대하여 병영·군사용 청사 또는 군용 선박에서 강제집행을 할 경우 법원은 채권자의 신청에 따라 군판사 또는 부대장(部隊長)이나 선장에게 촉탁하여 이를 행한다.

② 촉탁에 따라 압류한 물건은 채권자가 위임한 집행관에게 교부하여야 한다.

제55조(외국에서 할 집행) ① 외국에서 강제집행을 할 경우에 그 외국 공공기관의 법률상 공조를 받을 수 있는 때에는 제1심 법원이 채권자의 신청에 따라 외국 공공기관에 이를 촉탁하여야 한다.

② 외국에 머물고 있는 대한민국 영사(領事)에 의하여 강제집행을 할 수 있는 때에는 제1심 법원은 그 영사에게 이를 촉탁하여야 한다.

제56조(그 밖의 집행권원) 강제집행은 다음 가운데 어느 하나에 기초하여서도 실시할 수 있다.

1. 항고로만 불복할 수 있는 재판

2. 가집행의 선고가 내려진 재판

3. 확정된 지급명령

4. 공증인이 일정한 금액의 지급이나 대체물 또는 유가증권의 일정한 수량의 급여를 목적으로 하는 청구에 관하여 작성한 공정증서로서 채무자가 강제집행을 승낙한 취지가 적혀 있는 것

5. 소송상 화해, 청구의 인낙(認諾) 등 그 밖에 확정판결과 같은 효력을 가지는 것

제57조(준용규정) 제56조의 집행권원에 기초한 강제집행에 대하여는 제58조 및 제59조에서 규정하는 바를 제외하고는 제28조 내지 제55조의 규정을 준용한다.

제58조(지급명령과 집행) ① 확정된 지급명령에 기한 강제집행은 집행문을 부여받을 필요없이 지급명령 정본에 의하여 행한다. 다만, 다음 각호 가운데 어느 하나에 해당하는 경우에는 그러하지 아니하다.

1. 지급명령의 집행에 조건을 붙인 경우

2. 당사자의 승계인을 위하여 강제집행을 하는 경우

3. 당사자의 승계인에 대하여 강제집행을 하는 경우

② 채권자가 여러 통의 지급명령 정본을 신청하거나, 전에 내어준 지급명령 정본을 돌려주지 아니하고 다시 지급명령 정본을 신청한 때에는 법원사무관등이 이를 부여한다. 이 경우 그 사유를 원본과 정본에 적어야 한다.

③ 청구에 관한 이의의 주장에 대하여는 제44조제2항의 규정을 적용하지 아니한다.

④ 집행문부여의 소, 청구에 관한 이의의 소 또는 집행문부여에 대한 이의의 소는 지급명령을 내린 지방법원이 관할한다.

⑤ 제4항의 경우에 그 청구가 합의사건인 때에는 그 법원이 있는 곳을 관할하는 지방법원의 합의부에서 재판한다.

제59조(공정증서와 집행) ① 공증인이 작성한 증서의 집행문은 그 증서를 보존하는 공증인이 내어 준다.

② 집행문을 내어 달라는 신청에 관한 공증인의 처분에 대하여 이의신청이 있는 때에는 그 공증인의 사무소가 있는 곳을 관할하는 지방법원 단독판사가 결정으로 재판한다.

③ 청구에 관한 이의의 주장에 대하여는 제44조제2항의 규정을 적용하지 아니한다.

④ 집행문부여의 소, 청구에 관한 이의의 소 또는 집행문부여에 대한 이의의 소는 채무자의 보통재판적이 있는 곳의 법원이 관할한다. 다만, 그러한 법원이 없는 때에는 민사소송법 제11조의 규정에 따라 채무자에 대하여 소를 제기할 수 있는 법원이 관할한다.

제60조(과태료의 집행) ① 과태료의 재판은 검사의 명령으로 집행한다.

② 제1항의 명령은 집행력 있는 집행권원과 같은 효력을 가진다.

제2장 금전채권에 기초한 강제집행
제2절 부동산에 대한 강제집행
제1관 통칙

제78조(집행방법) ① 부동산에 대한 강제집행은 채권자의 신청에 따라 법원이 한다.

② 강제집행은 다음 각호의 방법으로 한다.

1. 강제경매

2. 강제관리

③ 채권자는 자기의 선택에 의하여 제2항 각호 가운데 어느 한 가지 방법

으로 집행하게 하거나 두 가지 방법을 함께 사용하여 집행하게 할 수 있다.

④ 강제관리는 가압류를 집행할 때에도 할 수 있다.

제79조(집행법원) ① 부동산에 대한 강제집행은 그 부동산이 있는 곳의 지방법원이 관할한다.

② 부동산이 여러 지방법원의 관할구역에 있는 때에는 각 지방법원에 관할권이 있다. 이 경우 법원이 필요하다고 인정한 때에는 사건을 다른 관할 지방법원으로 이송할 수 있다.

제2관 강제경매

제80조(강제경매신청서) 강제경매신청서에는 다음 각호의 사항을 적어야 한다.

1. 채권자·채무자와 법원의 표시

2. 부동산의 표시

3. 경매의 이유가 된 일정한 채권과 집행할 수 있는 일정한 집행권원

제81조(첨부서류) ① 강제경매신청서에는 집행력 있는 정본 외에 다음 각호 가운데 어느 하나에 해당하는 서류를 붙여야 한다. 〈개정 2011.4.12.〉

1. 채무자의 소유로 등기된 부동산에 대하여는 등기사항증명서

2. 채무자의 소유로 등기되지 아니한 부동산에 대하여는 즉시 채무자명의로 등기할 수 있다는 것을 증명할 서류. 다만, 그 부동산이 등기되지 아니한 건물인 경우에는 그 건물이 채무자의 소유임을 증명할 서류, 그 건물의 지번·구조·면적을 증명할 서류 및 그 건물에 관한 건축허가 또는 건축신고를 증명할 서류

② 채권자는 공적 장부를 주관하는 공공기관에 제1항제2호 단서의 사항들을 증명하여 줄 것을 청구할 수 있다.

③ 제1항제2호 단서의 경우에 건물의 지번·구조·면적을 증명하지 못한 때에는, 채권자는 경매신청과 동시에 그 조사를 집행법원에 신청할 수 있다.

④ 제3항의 경우에 법원은 집행관에게 그 조사를 하게 하여야 한다.

⑤ 강제관리를 하기 위하여 이미 부동산을 압류한 경우에 그 집행기록에 제1항 각호 가운데 어느 하나에 해당하는 서류가 붙어 있으면 다시 그 서류를 붙이지 아니할 수 있다.

제82조(집행관의 권한) ① 집행관은 제81조제4항의 조사를 위하여 건물에 출입할 수 있고, 채무자 또는 건물을 점유하는 제3자에게 질문하거나 문서를 제시하도록 요구할 수 있다.

② 집행관은 제1항의 규정에 따라 건물에 출입하기 위하여 필요한 때에는 잠긴 문을 여는 등 적절한 처분을 할 수 있다.

제83조(경매개시결정 등) ① 경매절차를 개시하는 결정에는 동시에 그 부동산의 압류를 명하여야 한다.

② 압류는 부동산에 대한 채무자의 관리·이용에 영향을 미치지 아니한다.

③ 경매절차를 개시하는 결정을 한 뒤에는 법원은 직권으로 또는 이해관계인의 신청에 따라 부동산에 대한 침해행위를 방지하기 위하여 필요한 조치를 할 수 있다.

④ 압류는 채무자에게 그 결정이 송달된 때 또는 제94조의 규정에 따른 등기가 된 때에 효력이 생긴다.

⑤ 강제경매신청을 기각하거나 각하하는 재판에 대하여는 즉시항고를 할 수 있다.

제84조(배당요구의 종기결정 및 공고) ① 경매개시결정에 따른 압류의 효력이 생긴 때(그 경매개시결정전에 다른 경매개시결정이 있은 경우를 제외한다)에는 집행법원은 절차에 필요한 기간을 감안하여 배당요구를 할 수 있는 종기(終期)를 첫 매각기일 이전으로 정한다.

② 배당요구의 종기가 정하여진 때에는 법원은 경매개시결정을 한 취지 및 배당요구의 종기를 공고하고, 제91조제4항 단서의 전세권자 및 법원에 알려진 제88조제1항의 채권자에게 이를 고지하여야 한다.

③ 제1항의 배당요구의 종기결정 및 제2항의 공고는 경매개시결정에 따른 압류의 효력이 생긴 때부터 1주 이내에 하여야 한다.

④ 법원사무관등은 제148조제3호 및 제4호의 채권자 및 조세, 그 밖의 공과금을 주관하는 공공기관에 대하여 채권의 유무, 그 원인 및 액수(원금·이자·비용, 그 밖의 부대채권(附帶債權)을 포함한다)를 배당요구의 종기까지 법원에 신고하도록 최고하여야 한다.

⑤ 제148조제3호 및 제4호의 채권자가 제4항의 최고에 대한 신고를 하지 아니한 때에는 그 채권자의 채권액은 등기사항증명서 등 집행기록에 있는 서류와 증빙(證憑)에 따라 계산한다. 이 경우 다시 채권액을 추가하지 못한다. 〈개정 2011.4.12.〉

⑥ 법원은 특별히 필요하다고 인정하는 경우에는 배당요구의 종기를 연기할 수 있다.

⑦ 제6항의 경우에는 제2항 및 제4항의 규정을 준용한다. 다만, 이미 배당요구 또는 채권신고를 한 사람에 대하여는 같은 항의 고지 또는 최고를 하지 아니한다.

제85조(현황조사) ① 법원은 경매개시결정을 한 뒤에 바로 집행관에게

부동산의 현상, 점유관계, 차임(借賃) 또는 보증금의 액수, 그 밖의 현황에 관하여 조사하도록 명하여야 한다.

② 집행관이 제1항의 규정에 따라 부동산을 조사할 때에는 그 부동산에 대하여 제82조에 규정된 조치를 할 수 있다.

제86조(경매개시결정에 대한 이의신청) ① 이해관계인은 매각대금이 모두 지급될 때까지 법원에 경매개시결정에 대한 이의신청을 할 수 있다.

② 제1항의 신청을 받은 법원은 제16조제2항에 준하는 결정을 할 수 있다.

③ 제1항의 신청에 관한 재판에 대하여 이해관계인은 즉시항고를 할 수 있다.

제87조(압류의 경합) ① 강제경매절차 또는 담보권 실행을 위한 경매절차를 개시하는 결정을 한 부동산에 대하여 다른 강제경매의 신청이 있는 때에는 법원은 다시 경매개시결정을 하고, 먼저 경매개시결정을 한 집행절차에 따라 경매한다.

② 먼저 경매개시결정을 한 경매신청이 취하되거나 그 절차가 취소된 때에는 법원은 제91조제1항의 규정에 어긋나지 아니하는 한도 안에서 뒤의 경매개시결정에 따라 절차를 계속 진행하여야 한다.

③ 제2항의 경우에 뒤의 경매개시결정이 배당요구의 종기 이후의 신청에 의한 것인 때에는 집행법원은 새로이 배당요구를 할 수 있는 종기를 정하여야 한다. 이 경우 이미 제84조제2항 또는 제4항의 규정에 따라 배당요구 또는 는 채권신고를 한 사람에 대하여는 같은 항의 고지 또는 최고를 하지 아니한다.

④ 먼저 경매개시결정을 한 경매절차가 정지된 때에는 법원은 신청에 따라 결정으로 뒤의 경매개시결정(배당요구의 종기까지 행하여진 신청에 의한

것에 한한다)에 기초하여 절차를 계속하여 진행할 수 있다. 다만, 먼저 경매개시결정을 한 경매절차가 취소되는 경우 제105조제1항제3호의 기재사항이 바뀔 때에는 그러하지 아니하다.

⑤ 제4항의 신청에 대한 재판에 대하여는 즉시항고를 할 수 있다.

제88조(배당요구) ① 집행력 있는 정본을 가진 채권자, 경매개시결정이 등기된 뒤에 가압류를 한 채권자, 민법·상법, 그 밖의 법률에 의하여 우선변제청구권이 있는 채권자는 배당요구를 할 수 있다.

② 배당요구에 따라 매수인이 인수하여야 할 부담이 바뀌는 경우 배당요구를 한 채권자는 배당요구의 종기가 지난 뒤에 이를 철회하지 못한다.

제89조(이중경매신청 등의 통지) 법원은 제87조제1항 및 제88조제1항의 신청이 있는 때에는 그 사유를 이해관계인에게 통지하여야 한다.

제90조(경매절차의 이해관계인) 경매절차의 이해관계인은 다음 각호의 사람으로한다.

1. 압류채권자와 집행력 있는 정본에 의하여 배당을 요구한 채권자

2. 채무자 및 소유자

3. 등기부에 기입된 부동산 위의 권리자

4. 부동산 위의 권리자로서 그 권리를 증명한 사람

제91조(인수주의와 잉여주의의 선택 등) ① 압류채권자의 채권에 우선하는 채권에 관한 부동산의 부담을 매수인에게 인수하게 하거나, 매각대금으로 그 부담을 변제하는 데 부족하지 아니하다는 것이 인정된 경우가 아니면 그 부동산을 매각하지못한다.

② 매각부동산 위의 모든 저당권은 매각으로 소멸된다.

③ 지상권·지역권·전세권 및 등기된 임차권은 저당권·압류채권·가압류

채권에 대항할 수 없는 경우에는 매각으로 소멸된다.

④ 제3항의 경우 외의 지상권·지역권·전세권 및 등기된 임차권은 매수인이 인수한다. 다만, 그중 전세권의 경우에는 전세권자가 제88조에 따라 배당요구를 하면 매각으로 소멸된다.

⑤ 매수인은 유치권자(留置權者)에게 그 유치권(留置權)으로 담보하는 채권을 변제할 책임이 있다.

제92조(제3자와 압류의 효력) ① 제3자는 권리를 취득할 때에 경매신청 또는 압류가 있다는 것을 알았을 경우에는 압류에 대항하지 못한다.

② 부동산이 압류채권을 위하여 의무를 진 경우에는 압류한 뒤 소유권을 취득한 제3자가 소유권을 취득할 때에 경매신청 또는 압류가 있다는 것을 알지 못하였더라도 경매절차를 계속하여 진행하여야 한다.

제93조(경매신청의 취하) ① 경매신청이 취하되면 압류의 효력은 소멸된다.

② 매수신고가 있은 뒤 경매신청을 취하하는 경우에는 최고가매수신고인 또는 매수인과 제114조의 차순위매수신고인의 동의를 받아야 그 효력이 생긴다.

③ 제49조제3호 또는 제6호의 서류를 제출하는 경우에는 제1항 및 제2항의 규정을, 제49조제4호의 서류를 제출하는 경우에는 제2항의 규정을 준용한다.

제94조(경매개시결정의 등기) ① 법원이 경매개시결정을 하면 법원사무관등은 즉시 그 사유를 등기부에 기입하도록 등기관(登記官)에게 촉탁하여야 한다.

② 등기관은 제1항의 촉탁에 따라 경매개시결정사유를 기입하여야 한다.

제95조(등기사항증명서의 송부) 등기관은 제94조에 따라 경매개시결정
사유를 등기부에 기입한 뒤 그 등기사항증명서를 법원에 보내야 한다. 〈개
정 2011.4.12.〉

[제목개정 2011.4.12.]

제96조(부동산의 멸실 등으로 말미암은 경매취소) ① 부동산이 없어
지거나 매각 등으로 말미암아 권리를 이전할 수 없는 사정이 명백하게 된 때
에는 법원은 강제경매의 절차를 취소하여야 한다.

② 제1항의 취소결정에 대하여는 즉시항고를 할 수 있다.

제97조(부동산의 평가와 최저매각가격의 결정) ① 법원은 감정인(鑑定
人)에게 부동산을 평가하게 하고 그 평가액을 참작하여 최저매각가격을 정
하여야 한다.

② 감정인은 제1항의 평가를 위하여 필요하면 제82조제1항에 규정된 조
치를 할 수 있다.

③ 감정인은 제7조의 규정에 따라 집행관의 원조를 요구하는 때에는 법
원의 허가를 얻어야 한다.

제98조(일괄매각결정) ① 법원은 여러 개의 부동산의 위치·형태·이용
관계 등을 고려하여 이를 일괄매수하게 하는 것이 알맞다고 인정하는 경
우에는 직권으로 또는 이해관계인의 신청에 따라 일괄매각하도록 결정할
수 있다.

② 법원은 부동산을 매각할 경우에 그 위치·형태·이용관계 등을 고려
하여 다른 종류의 재산(금전채권을 제외한다)을 그 부동산과 함께 일괄매수
하게 하는 것이 알맞다고 인정하는 때에는 직권으로 또는 이해관계인의 신
청에 따라 일괄매각하도록 결정할 수 있다.

③ 제1항 및 제2항의 결정은 그 목적물에 대한 매각기일 이전까지 할 수 있다.

제99조(일괄매각사건의 병합) ① 법원은 각각 경매신청된 여러 개의 재산 또는 다른 법원이나 집행관에 계속된 경매사건의 목적물에 대하여 제98조제1항 또는 제2항의 결정을 할 수 있다.

② 다른 법원이나 집행관에 계속된 경매사건의 목적물의 경우에 그 다른 법원 또는 집행관은 그 목적물에 대한 경매사건을 제1항의 결정을 한 법원에 이송한다.

③ 제1항 및 제2항의 경우에 법원은 그 경매사건들을 병합한다.

제100조(일괄매각사건의 관할) 제98조 및 제99조의 경우에는 민사소송법 제31조에 불구하고 같은 법 제25조의 규정을 준용한다. 다만, 등기할 수 있는 선박에 관한 경매사건에 대하여서는 그러하지 아니하다.

제101조(일괄매각절차) ① 제98조 및 제99조의 일괄매각결정에 따른 매각절차는 이 관의 규정에 따라 행한다. 다만, 부동산 외의 재산의 압류는 그 재산의 종류에 따라 해당되는 규정에서 정하는 방법으로 행하고, 그 중에서 집행관의 압류에 따르는 재산의 압류는 집행법원이 집행관에게 이를 압류하도록 명하는 방법으로 행한다.

② 제1항의 매각절차에서 각 재산의 대금액을 특정할 필요가 있는 경우에는 각 재산에 대한 최저매각가격의 비율을 정하여야 하며, 각 재산의 대금액은 총대금액을 각 재산의 최저매각가격비율에 따라 나눈 금액으로 한다. 각 재산이 부담할 집행비용액을 특정할 필요가 있는 경우에도 또한 같다.

③ 여러 개의 재산을 일괄매각하는 경우에 그 가운데 일부의 매각대금으로 모든 채권자의 채권액과 강제집행비용을 변제하기에 충분하면 다른 재

산의 매각을 허가하지 아니한다. 다만, 토지와 그 위의 건물을 일괄매각하
는 경우나 재산을 분리하여 매각하면 그 경제적 효용이 현저하게 떨어지는
경우 또는 채무자의 동의가 있는 경우에는 그러하지 아니하다.

④ 제3항 본문의 경우에 채무자는 그 재산 가운데 매각할 것을 지정할
수 있다.

⑤ 일괄매각절차에 관하여 이 법에서 정한 사항을 제외하고는 대법원규
칙으로 정한다.

제102조(남을 가망이 없을 경우의 경매취소) ① 법원은 최저매각가격
으로 압류채권자의 채권에 우선하는 부동산의 모든 부담과 절차비용을 변
제하면 남을 것이 없겠다고 인정한 때에는 압류채권자에게 이를 통지하여야
한다.

② 압류채권자가 제1항의 통지를 받은 날부터 1주 이내에 제1항의 부담
과 비용을 변제하고 남을 만한 가격을 정하여 그 가격에 맞는 매수신고가
없을 때에는 자기가 그 가격으로 매수하겠다고 신청하면서 충분한 보증을
제공하지 아니하면, 법원은 경매절차를 취소하여야 한다.

③ 제2항의 취소 결정에 대하여는 즉시항고를 할 수 있다.

제103조(강제경매의 매각방법) ① 부동산의 매각은 집행법원이 정한 매
각방법에 따른다.

② 부동산의 매각은 매각기일에 하는 호가경매(呼價競賣), 매각기일에
입찰 및 개찰하게 하는 기일입찰 또는 입찰기간 이내에 입찰하게 하여 매각
기일에 개찰하는 기간입찰의 세가지 방법으로 한다.

③ 부동산의 매각절차에 관하여 필요한 사항은 대법원규칙으로 정한다.

제104조(매각기일과 매각결정기일 등의 지정) ①법원은 최저매각가격

으로 제102조제1항의 부담과 비용을 변제하고도 남을 것이 있다고 인정하거나 압류채권자가 제102조제2항의 신청을 하고 충분한 보증을 제공한 때에는 직권으로 매각기일과 매각결정기일을 정하여 대법원규칙이 정하는 방법으로 공고한다.

② 법원은 매각기일과 매각결정기일을 이해관계인에게 통지하여야 한다.

③ 제2항의 통지는 집행기록에 표시된 이해관계인의 주소에 대법원규칙이 정하는 방법으로 발송할 수 있다.

④ 기간입찰의 방법으로 매각할 경우에는 입찰기간에 관하여도 제1항 내지 제3항의 규정을 적용한다.

제105조(매각물건명세서 등) ① 법원은 다음 각호의 사항을 적은 매각물건명세서를 작성하여야 한다.

1. 부동산의 표시

2. 부동산의 점유자와 점유의 권원, 점유할 수 있는 기간, 차임 또는 보증금에 관한 관계인의 진술

3. 등기된 부동산에 대한 권리 또는 가처분으로서 매각으로 효력을 잃지 아니하는 것

4. 매각에 따라 설정된 것으로 보게 되는 지상권의 개요

② 법원은 매각물건명세서·현황조사보고서 및 평가서의 사본을 법원에 비치하여 누구든지 볼 수 있도록 하여야 한다.

제106조(매각기일의 공고내용) 매각기일의 공고내용에는 다음 각호의 사항을 적어야 한다.

1. 부동산의 표시

2. 강제집행으로 매각한다는 취지와 그 매각방법

3. 부동산의 점유자, 점유의 권원, 점유하여 사용할 수 있는 기간, 차임 또는 보증금약정 및 그 액수

4. 매각기일의 일시·장소, 매각기일을 진행할 집행관의 성명 및 기간입찰의 방법으로 매각할 경우에는 입찰기간·장소

5. 최저매각가격

6. 매각결정기일의 일시·장소

7. 매각물건명세서·현황조사보고서 및 평가서의 사본을 매각기일 전에 법원에 비치하여 누구든지 볼 수 있도록 제공한다는 취지

8. 등기부에 기입할 필요가 없는 부동산에 대한 권리를 가진 사람은 채권을 신고하여야 한다는 취지

9. 이해관계인은 매각기일에 출석할 수 있다는 취지

제107조(매각장소) 매각기일은 법원안에서 진행하여야 한다. 다만, 집행관은 법원의 허가를 얻어 다른 장소에서 매각기일을 진행할 수 있다.

제108조(매각장소의 질서유지) 집행관은 다음 각호 가운데 어느 하나에 해당한다고 인정되는 사람에 대하여 매각장소에 들어오지 못하도록 하거나 매각장소에서 내보내거나 매수의 신청을 하지 못하도록 할 수 있다.

1. 다른 사람의 매수신청을 방해한 사람

2. 부당하게 다른 사람과 담합하거나 그 밖에 매각의 적정한 실시를 방해한 사람

3. 제1호 또는 제2호의 행위를 교사(敎唆)한 사람

4. 민사집행절차에서의 매각에 관하여 형법 제136조·제137조·제140조·제140조의2·제142조·제315조 및 제323조 내지 제327조에 규정된 죄로 유죄판결을 받고 그 판결확정일부터 2년이 지나지 아니한 사람

제109조(매각결정기일) ① 매각결정기일은 매각기일부터 1주 이내로 정하여야 한다.

② 매각결정절차는 법원안에서 진행하여야 한다.

제110조(합의에 의한 매각조건의 변경) ① 최저매각가격 외의 매각조건은 법원이 이해관계인의 합의에 따라 바꿀 수 있다.

② 이해관계인은 배당요구의 종기까지 제1항의 합의를 할 수 있다.

제111조(직권에 의한 매각조건의 변경) ① 거래의 실상을 반영하거나 경매절차를 효율적으로 진행하기 위하여 필요한 경우에 법원은 배당요구의 종기까지 매각조건을 바꾸거나 새로운 매각조건을 설정할 수 있다.

② 이해관계인은 제1항의 재판에 대하여 즉시항고를 할 수 있다.

③ 제1항의 경우에 법원은 집행관에게 부동산에 대하여 필요한 조사를 하게 할 수 있다.

제112조(매각기일의 진행) 집행관은 기일입찰 또는 호가경매의 방법에 의한 매각기일에는 매각물건명세서·현황조사보고서 및 평가서의 사본을 볼 수 있게 하고, 특별한 매각조건이 있는 때에는 이를 고지하며, 법원이 정한 매각방법에 따라 매수가격을 신고하도록 최고하여야 한다.

제113조(매수신청의 보증) 매수신청인은 대법원규칙이 정하는 바에 따라 집행법원이 정하는 금액과 방법에 맞는 보증을 집행관에게 제공하여야 한다.

제114조(차순위매수신고) ① 최고가매수신고인 외의 매수신고인은 매각기일을 마칠 때까지 집행관에게 최고가매수신고인이 대금지급기한까지 그 의무를 이행하지 아니하면 자기의 매수신고에 대하여 매각을 허가하여 달라는 취지의 신고(이하 "차순위매수신고"라 한다)를 할 수 있다.

② 차순위매수신고는 그 신고액이 최고가매수신고액에서 그 보증액을 뺀 금액을 넘는 때에만 할 수 있다.

제115조(매각기일의 종결) ① 집행관은 최고가매수신고인의 성명과 그 가격을 부르고 차순위매수신고를 최고한 뒤, 적법한 차순위매수신고가 있으면 차순위매수신고인을 정하여 그 성명과 가격을 부른 다음 매각기일을 종결한다고 고지하여야 한다.

② 차순위매수신고를 한 사람이 둘 이상인 때에는 신고한 매수가격이 높은 사람을 차순위매수신고인으로 정한다. 신고한 매수가격이 같은 때에는 추첨으로 차순위매수신고인을 정한다.

③ 최고가매수신고인과 차순위매수신고인을 제외한 다른 매수신고인은 제1항의 고지에 따라 매수의 책임을 벗게 되고, 즉시 매수신청의 보증을 돌려 줄 것을 신청할 수 있다.

④ 기일입찰 또는 호가경매의 방법에 의한 매각기일에서 매각기일을 마감할 때까지 허가할 매수가격의 신고가 없는 때에는 집행관은 즉시 매각기일의 마감을 취소하고 같은 방법으로 매수가격을 신고하도록 최고할 수 있다.

⑤ 제4항의 최고에 대하여 매수가격의 신고가 없어 매각기일을 마감하는 때에는 매각기일의 마감을 다시 취소하지 못한다.

제116조(매각기일조서) ① 매각기일조서에는 다음 각호의 사항을 적어야 한다.

1. 부동산의 표시

2. 압류채권자의 표시

3. 매각물건명세서·현황조사보고서 및 평가서의 사본을 볼 수 있게 한 일

4. 특별한 매각조건이 있는 때에는 이를 고지한 일

5. 매수가격의 신고를 최고한 일

6. 모든 매수신고가격과 그 신고인의 성명·주소 또는 허가할 매수가격의 신고가 없는 일

7. 매각기일을 마감할 때까지 허가할 매수가격의 신고가 없어 매각기일의 마감을 취소하고 다시 매수가격의 신고를 최고한 일

8. 최종적으로 매각기일의 종결을 고지한 일시

9. 매수하기 위하여 보증을 제공한 일 또는 보증을 제공하지 아니하므로 그 매수를 허가하지 아니한 일

10. 최고가매수신고인과 차순위매수신고인의 성명과 그 가격을 부른 일

② 최고가매수신고인 및 차순위매수신고인과 출석한 이해관계인은 조서에 서명날인하여야 한다. 그들이 서명날인할 수 없을 때에는 집행관이 그 사유를 적어야 한다.

③ 집행관이 매수신청의 보증을 돌려 준 때에는 영수증을 받아 조서에 붙여야 한다.

제117조(조서와 금전의 인도) 집행관은 매각기일조서와 매수신청의 보증으로 받아 돌려주지 아니한 것을 매각기일부터 3일 이내에 법원사무관등에게 인도하여야 한다.

제118조(최고가매수신고인 등의 송달영수인신고) ① 최고가매수신고인과 차순위매수신고인은 대한민국안에 주소·거소와 사무소가 없는 때에는 대한민국안에 송달이나 통지를 받을 장소와 영수인을 정하여 법원에 신고하여야 한다.

② 최고가매수신고인이나 차순위매수신고인이 제1항의 신고를 하지 아니한 때에는 법원은 그에 대한 송달이나 통지를 하지 아니할 수 있다.

③ 제1항의 신고는 집행관에게 말로 할 수 있다. 이 경우 집행관은 조서에 이를 적어야 한다.

제119조(새 매각기일) 허가할 매수가격의 신고가 없이 매각기일이 최종적으로 마감된 때에는 제91조제1항의 규정에 어긋나지 아니하는 한도에서 법원은 최저매각가격을 상당히 낮추고 새 매각기일을 정하여야 한다. 그 기일에 허가할 매수가격의 신고가 없는 때에도 또한 같다.

제120조(매각결정기일에서의 진술) ① 법원은 매각결정기일에 출석한 이해관계인에게 매각허가에 관한 의견을 진술하게 하여야 한다.

② 매각허가에 관한 이의는 매각허가가 있을 때까지 신청하여야 한다. 이미 신청한 이의에 대한 진술도 또한 같다.

제121조(매각허가에 대한 이의신청사유) 매각허가에 관한 이의는 다음 각호 가운데 어느 하나에 해당하는 이유가 있어야 신청할 수 있다.

1. 강제집행을 허가할 수 없거나 집행을 계속 진행할 수 없을 때

2. 최고가매수신고인이 부동산을 매수할 능력이나 자격이 없는 때

3. 부동산을 매수할 자격이 없는 사람이 최고가매수신고인을 내세워 매수신고를 한 때

4. 최고가매수신고인, 그 대리인 또는 최고가매수신고인을 내세워 매수신고를 한 사람이 제108조 각호 가운데 어느 하나에 해당되는 때

5. 최저매각가격의 결정, 일괄매각의 결정 또는 매각물건명세서의 작성에 중대한 흠이 있는 때

6. 천재지변, 그 밖에 자기가 책임을 질 수 없는 사유로 부동산이 현저하게 훼손된 사실 또는 부동산에 관한 중대한 권리관계가 변동된 사실이 경매절차의 진행중에 밝혀진 때

7. 경매절차에 그 밖의 중대한 잘못이 있는 때

제122조(이의신청의 제한) 이의는 다른 이해관계인의 권리에 관한 이유로 신청하지못한다.

제123조(매각의 불허) ① 법원은 이의신청이 정당하다고 인정한 때에는 매각을 허가하지 아니한다.

② 제121조에 규정한 사유가 있는 때에는 직권으로 매각을 허가하지 아니한다. 다만, 같은 조 제2호 또는 제3호의 경우에는 능력 또는 자격의 흠이 제거되지 아니한 때에 한한다.

제124조(과잉매각되는 경우의 매각불허가) ① 여러 개의 부동산을 매각하는 경우에 한 개의 부동산의 매각대금으로 모든 채권자의 채권액과 강제집행비용을 변제하기에 충분하면 다른 부동산의 매각을 허가하지 아니한다. 다만, 제101조제3항 단서에 따른 일괄매각의 경우에는 그러하지 아니하다.

② 제1항 본문의 경우에 채무자는 그 부동산 가운데 매각할 것을 지정할 수 있다.

제125조(매각을 허가하지 아니할 경우의 새 매각기일) ① 제121조와 제123조의 규정에 따라 매각을 허가하지 아니하고 다시 매각을 명하는 때에는 직권으로 새 매각기일을 정하여야 한다.

② 제121조제6호의 사유로 제1항의 새 매각기일을 열게 된 때에는 제97조 내지 제105조의 규정을 준용한다.

제126조(매각허가여부의 결정선고) ① 매각을 허가하거나 허가하지 아니하는 결정은 선고하여야 한다.

② 매각결정기일조서에는 민사소송법 제152조 내지 제154조와 제156조 내지 제158조 및 제164조의 규정을 준용한다.

③ 제1항의 결정은 확정되어야 효력을 가진다.

제127조(매각허가결정의 취소신청) ① 제121조제6호에서 규정한 사실이 매각허가결정의 확정 뒤에 밝혀진 경우에는 매수인은 대금을 낼 때까지 매각허가결정의 취소신청을 할 수 있다.

② 제1항의 신청에 관한 결정에 대하여는 즉시항고를 할 수 있다.

제128조(매각허가결정) ① 매각허가결정에는 매각한 부동산, 매수인과 매각가격을 적고 특별한 매각조건으로 매각한 때에는 그 조건을 적어야 한다.

② 제1항의 결정은 선고하는 외에 대법원규칙이 정하는 바에 따라 공고하여야 한다.

제129조(이해관계인 등의 즉시항고) ① 이해관계인은 매각허가여부의 결정에 따라 손해를 볼 경우에만 그 결정에 대하여 즉시항고를 할 수 있다.

② 매각허가에 정당한 이유가 없거나 결정에 적은 것 외의 조건으로 허가하여야 한다고 주장하는 매수인 또는 매각허가를 주장하는 매수신고인도 즉시항고를 할 수 있다.

③ 제1항 및 제2항의 경우에 매각허가를 주장하는 매수신고인은 그 신청한 가격에 대하여 구속을 받는다.

제130조(매각허가여부에 대한 항고) ① 매각허가결정에 대한 항고는 이 법에 규정한 매각허가에 대한 이의신청사유가 있다거나, 그 결정절차에 중대한 잘못이 있다는 것을 이유로 드는 때에만 할 수 있다.

② 민사소송법 제451조제1항 각호의 사유는 제1항의 규정에 불구하고 매각허가 또는 불허가결정에 대한 항고의 이유로 삼을 수 있다.

③ 매각허가결정에 대하여 항고를 하고자 하는 사람은 보증으로 매각대금의 10분의 1에 해당하는 금전 또는 법원이 인정한 유가증권을 공탁하여야

한다.

④ 항고를 제기하면서 항고장에 제3항의 보증을 제공하였음을 증명하는 서류를 붙이지 아니한 때에는 원심법원은 항고장을 받은 날부터 1주 이내에 결정으로 이를 각하하여야 한다.

⑤ 제4항의 결정에 대하여는 즉시항고를 할 수 있다.

⑥ 채무자 및 소유자가 한 제3항의 항고가 기각된 때에는 항고인은 보증으로 제공한 금전이나 유가증권을 돌려 줄 것을 요구하지 못한다.

⑦ 채무자 및 소유자 외의 사람이 한 제3항의 항고가 기각된 때에는 항고인은 보증으로 제공한 금전이나, 유가증권을 현금화한 금액 가운데 항고를 한 날부터 항고기각결정이 확정된 날까지의 매각대금에 대한 대법원규칙이 정하는 이율에 의한 금액(보증으로 제공한 금전이나, 유가증권을 현금화한 금액을 한도로 한다)에 대하여는 돌려 줄 것을 요구할 수 없다. 다만, 보증으로 제공한 유가증권을 현금화하기 전에 위의 금액을 항고인이 지급한 때에는 그 유가증권을 돌려 줄 것을 요구할 수 있다.

⑧ 항고인이 항고를 취하한 경우에는 제6항 또는 제7항의 규정을 준용한다.

제131조(항고심의 절차) ① 항고법원은 필요한 경우에 반대진술을 하게 하기 위하여 항고인의 상대방을 정할 수 있다.

② 한 개의 결정에 대한 여러 개의 항고는 병합한다.

③ 항고심에는 제122조의 규정을 준용한다.

제132조(항고법원의 재판과 매각허가여부결정) 항고법원이 집행법원의 결정을 취소하는 경우에 그 매각허가여부의 결정은 집행법원이 한다.

제133조(매각을 허가하지 아니하는 결정의 효력) 매각을 허가하지 아

니한 결정이 확정된 때에는 매수인과 매각허가를 주장한 매수신고인은 매수에 관한 책임이 면제된다.

제134조(최저매각가격의 결정부터 새로할 경우) 제127조의 규정에 따라 매각허가결정을 취소한 경우에는 제97조 내지 제105조의 규정을 준용한다.

제135조(소유권의 취득시기) 매수인은 매각대금을 다 낸 때에 매각의 목적인 권리를 취득한다.

제136조(부동산의 인도명령 등) ① 법원은 매수인이 대금을 낸 뒤 6월 이내에 신청하면 채무자·소유자 또는 부동산 점유자에 대하여 부동산을 매수인에게 인도하도록 명할 수 있다. 다만, 점유자가 매수인에게 대항할 수 있는 권원에 의하여 점유하고 있는 것으로 인정되는 경우에는 그러하지 아니하다.

② 법원은 매수인 또는 채권자가 신청하면 매각허가가 결정된 뒤 인도할 때까지 관리인에게 부동산을 관리하게 할 것을 명할 수 있다.

③ 제2항의 경우 부동산의 관리를 위하여 필요하면 법원은 매수인 또는 채권자의 신청에 따라 담보를 제공하게 하거나 제공하게 하지 아니하고 제1항의 규정에 준하는 명령을 할 수 있다.

④ 법원이 채무자 및 소유자 외의 점유자에 대하여 제1항 또는 제3항의 규정에 따른 인도명령을 하려면 그 점유자를 심문하여야 한다. 다만, 그 점유자가 매수인에게 대항할 수 있는 권원에 의하여 점유하고 있지 아니함이 명백한 때 또는 이미 그 점유자를 심문한 때에는 그러하지 아니하다.

⑤ 제1항 내지 제3항의 신청에 관한 결정에 대하여는 즉시항고를 할 수 있다.

⑥ 채무자·소유자 또는 점유자가 제1항과 제3항의 인도명령에 따르지 아니할 때에는 매수인 또는 채권자는 집행관에게 그 집행을 위임할 수 있다.

제137조(차순위매수신고인에 대한 매각허가여부결정) ① 차순위매수신고인이 있는 경우에 매수인이 대금지급기한까지 그 의무를 이행하지 아니한 때에는 차순위매수신고인에게 매각을 허가할 것인지를 결정하여야 한다. 다만, 제142조제4항의 경우에는 그러하지 아니하다.

② 차순위매수신고인에 대한 매각허가결정이 있는 때에는 매수인은 매수신청의 보증을 돌려 줄 것을 요구하지 못한다.

제138조(재매각) ① 매수인이 대금지급기한 또는 제142조제4항의 다시 정한 기한까지 그 의무를 완전히 이행하지 아니하였고, 차순위매수신고인이 없는 때에는 법원은 직권으로 부동산의 재매각을 명하여야 한다.

② 재매각절차에도 종전에 정한 최저매각가격, 그 밖의 매각조건을 적용한다.

③ 매수인이 재매각기일의 3일 이전까지 대금, 그 지급기한이 지난 뒤부터 지급일까지의 대금에 대한 대법원규칙이 정하는 이율에 따른 지연이자와 절차비용을 지급한 때에는 재매각절차를 취소하여야 한다. 이 경우 차순위매수신고인이 매각허가결정을 받았던 때에는 위 금액을 먼저 지급한 매수인이 매매목적물의 권리를 취득한다.

④ 재매각절차에서는 전의 매수인은 매수신청을 할 수 없으며 매수신청의 보증을 돌려 줄 것을 요구하지 못한다.

제139조(공유물지분에 대한 경매) ① 공유물지분을 경매하는 경우에는 채권자의 채권을 위하여 채무자의 지분에 대한 경매개시결정이 있음을 등기부에 기입하고 다른 공유자에게 그 경매개시결정이 있다는 것을 통지하여야

한다. 다만, 상당한 이유가 있는 때에는 통지하지 아니할 수 있다.

② 최저매각가격은 공유물 전부의 평가액을 기본으로 채무자의 지분에 관하여 정하여야 한다. 다만, 그와 같은 방법으로 정확한 가치를 평가하기 어렵거나 그 평가에 부당하게 많은 비용이 드는 등 특별한 사정이 있는 경우에는 그러하지 아니하다.

제140조(공유자의 우선매수권) ① 공유자는 매각기일까지 제113조에 따른 보증을 제공하고 최고매수신고가격과 같은 가격으로 채무자의 지분을 우선매수하겠다는 신고를 할 수 있다.

② 제1항의 경우에 법원은 최고가매수신고가 있더라도 그 공유자에게 매각을 허가하여야 한다.

③ 여러 사람의 공유자가 우선매수하겠다는 신고를 하고 제2항의 절차를 마친 때에는 특별한 협의가 없으면 공유지분의 비율에 따라 채무자의 지분을 매수하게 한다.

④ 제1항의 규정에 따라 공유자가 우선매수신고를 한 경우에는 최고가매수신고인을 제114조의 차순위매수신고인으로 본다.

제141조(경매개시결정등기의 말소) 경매신청이 매각허가 없이 마쳐진 때에는 법원사무관등은 제94조와 제139조제1항의 규정에 따른 기입을 말소하도록 등기관에게 촉탁하여야 한다.

제142조(대금의 지급) ① 매각허가결정이 확정되면 법원은 대금의 지급기한을 정하고, 이를 매수인과 차순위매수신고인에게 통지하여야 한다.

② 매수인은 제1항의 대금지급기한까지 매각대금을 지급하여야 한다.

③ 매수신청의 보증으로 금전이 제공된 경우에 그 금전은 매각대금에 넣는다.

④ 매수신청의 보증으로 금전 외의 것이 제공된 경우로서 매수인이 매각대금중 보증액을 뺀 나머지 금액만을 낸 때에는, 법원은 보증을 현금화하여 그 비용을 뺀 금액을 보증액에 해당하는 매각대금 및 이에 대한 지연이자에 충당하고, 모자라는 금액이 있으면 다시 대금지급기한을 정하여 매수인으로 하여금 내게 한다.

⑤ 제4항의 지연이자에 대하여는 제138조제3항의 규정을 준용한다.

⑥ 차순위매수신고인은 매수인이 대금을 모두 지급한 때 매수의 책임을 벗게 되고 즉시 매수신청의 보증을 돌려 줄 것을 요구할 수 있다.

제143조(특별한 지급방법) ① 매수인은 매각조건에 따라 부동산의 부담을 인수하는 외에 배당표(配當表)의 실시에 관하여 매각대금의 한도에서 관계채권자의 승낙이 있으면 대금의 지급에 갈음하여 채무를 인수할 수 있다.

② 채권자가 매수인인 경우에는 매각결정기일이 끝날 때까지 법원에 신고하고 배당받아야 할 금액을 제외한 대금을 배당기일에 낼 수 있다.

③ 제1항 및 제2항의 경우에 매수인이 인수한 채무나 배당받아야 할 금액에 대하여 이의가 제기된 때에는 매수인은 배당기일이 끝날 때까지 이에 해당하는 대금을 내야 한다.

제144조(매각대금 지급 뒤의 조치) ① 매각대금이 지급되면 법원사무관등은 매각허가결정의 등본을 붙여 다음 각호의 등기를 촉탁하여야 한다.

1. 매수인 앞으로 소유권을 이전하는 등기

2. 매수인이 인수하지 아니한 부동산의 부담에 관한 기입을 말소하는 등기

3. 제94조 및 제139조제1항의 규정에 따른 경매개시결정등기를 말소하는 등기

② 매각대금을 지급할 때까지 매수인과 부동산을 담보로 제공받으려고 하는 사람이 대법원규칙으로 정하는 바에 따라 공동으로 신청한 경우, 제1항의 촉탁은 등기신청의 대리를 업으로 할 수 있는 사람으로서 신청인이 지정하는 사람에게 촉탁서를 교부하여 등기소에 제출하도록 하는 방법으로 하여야 한다. 이 경우 신청인이 지정하는 사람은 지체 없이 그 촉탁서를 등기소에 제출하여야 한다. 〈신설 2010.7.23.〉

③ 제1항의 등기에 드는 비용은 매수인이 부담한다. 〈개정 2010.7.23.〉

제145조(매각대금의 배당) ① 매각대금이 지급되면 법원은 배당절차를 밟아야 한다.

② 매각대금으로 배당에 참가한 모든 채권자를 만족하게 할 수 없는 때에는 법원은 민법·상법, 그 밖의 법률에 의한 우선순위에 따라 배당하여야 한다.

제146조(배당기일) 매수인이 매각대금을 지급하면 법원은 배당에 관한 진술 및 배당을 실시할 기일을 정하고 이해관계인과 배당을 요구한 채권자에게 이를 통지하여야 한다. 다만, 채무자가 외국에 있거나 있는 곳이 분명하지 아니한 때에는 통지하지 아니한다.

제147조(배당할 금액 등) ① 배당할 금액은 다음 각호에 규정한 금액으로 한다.

1. 대금

2. 제138조제3항 및 제142조제4항의 경우에는 대금지급기한이 지난 뒤부터 대금의 지급·충당까지의 지연이자

3. 제130조제6항의 보증(제130조제8항에 따라 준용되는 경우를 포함한다.)

4. 제130조제7항 본문의 보증 가운데 항고인이 돌려 줄 것을 요구하지

못하는 금액 또는 제130조제7항 단서의 규정에 따라 항고인이 낸 금액(각각 제130조제8항에 따라 준용되는 경우를 포함한다.)

5. 제138조제4항의 규정에 의하여 매수인이 돌려줄 것을 요구할 수 없는 보증(보증이 금전 외의 방법으로 제공되어 있는 때에는 보증을 현금화하여 그 대금에서 비용을 뺀 금액)

② 제1항의 금액 가운데 채권자에게 배당하고 남은 금액이 있으면, 제1항제4호의 금액의 범위안에서 제1항제4호의 보증 등을 제공한 사람에게 돌려준다.

③ 제1항의 금액 가운데 채권자에게 배당하고 남은 금액으로 제1항제4호의 보증 등을 돌려주기 부족한 경우로서 그 보증 등을 제공한 사람이 여럿인 때에는 제1항제4호의 보증 등의 비율에 따라 나누어 준다.

제148조(배당받을 채권자의 범위) 제147조제1항에 규정한 금액을 배당받을 채권자는 다음 각호에 규정된 사람으로 한다.

1. 배당요구의 종기까지 경매신청을 한 압류채권자

2. 배당요구의 종기까지 배당요구를 한 채권자

3. 첫 경매개시결정등기전에 등기된 가압류채권자

4. 저당권·전세권, 그 밖의 우선변제청구권으로서 첫 경매개시결정등기전에 등기되었고 매각으로 소멸하는 것을 가진 채권자

제149조(배당표의 확정) ① 법원은 채권자와 채무자에게 보여 주기 위하여 배당기일의 3일전에 배당표원안(配當表原案)을 작성하여 법원에 비치하여야 한다.

② 법원은 출석한 이해관계인과 배당을 요구한 채권자를 심문하여 배당표를 확정하여야 한다.

제150조(배당표의 기재 등) ① 배당표에는 매각대금, 채권자의 채권의 원금, 이자, 비용, 배당의 순위와 배당의 비율을 적어야 한다.

② 출석한 이해관계인과 배당을 요구한 채권자가 합의한 때에는 이에 따라 배당표를 작성하여야 한다.

제151조(배당표에 대한 이의) ① 기일에 출석한 채무자는 채권자의 채권 또는 그 채권의 순위에 대하여 이의할 수 있다.

② 제1항의 규정에 불구하고 채무자는 제149조제1항에 따라 법원에 배당표원안이 비치된 이후 배당기일이 끝날 때까지 채권자의 채권 또는 그 채권의 순위에 대하여 서면으로 이의할 수 있다.

③ 기일에 출석한 채권자는 자기의 이해에 관계되는 범위 안에서는 다른 채권자를 상대로 그의 채권 또는 그 채권의 순위에 대하여 이의할 수 있다.

제152조(이의의 완결) ① 제151조의 이의에 관계된 채권자는 이에 대하여 진술하여야 한다.

② 관계인이 제151조의 이의를 정당하다고 인정하거나 다른 방법으로 합의한 때에는 이에 따라 배당표를 경정(更正)하여 배당을 실시하여야 한다.

③ 제151조의 이의가 완결되지 아니한 때에는 이의가 없는 부분에 한하여 배당을 실시하여야 한다.

제153조(불출석한 채권자) ① 기일에 출석하지 아니한 채권자는 배당표와 같이 배당을 실시하는 데에 동의한 것으로 본다.

② 기일에 출석하지 아니한 채권자가 다른 채권자가 제기한 이의에 관계된 때에는 그 채권자는 이의를 정당하다고 인정하지 아니한 것으로 본다.

제154조(배당이의의 소 등) ① 집행력 있는 집행권원의 정본을 가지지 아니한 채권자(가압류채권자를 제외한다)에 대하여 이의한 채무자와 다른

채권자에 대하여 이의한 채권자는 배당이의의 소를 제기하여야 한다.

② 집행력 있는 집행권원의 정본을 가진 채권자에 대하여 이의한 채무자는 청구이의의 소를 제기하여야 한다.

③ 이의한 채권자나 채무자가 배당기일부터 1주 이내에 집행법원에 대하여 제1항의 소를 제기한 사실을 증명하는 서류를 제출하지 아니한 때 또는 제2항의 소를 제기한 사실을 증명하는 서류와 그 소에 관한 집행정지재판의 정본을 제출하지 아니한 때에는 이의가 취하된 것으로 본다.

제155조(이의한 사람 등의 우선권 주장) 이의한 채권자가 제154조제3항의 기간을 지키지 아니한 경우에도 배당표에 따른 배당을 받은 채권자에 대하여 소로 우선권 및 그 밖의 권리를 행사하는 데 영향을 미치지 아니한다.

제156조(배당이의의 소의 관할) ① 제154조제1항의 배당이의의 소는 배당을 실시한 집행법원이 속한 지방법원의 관할로 한다. 다만, 소송물이 단독판사의 관할에 속하지 아니할 경우에는 지방법원의 합의부가 이를 관할한다.

② 여러 개의 배당이의의 소가 제기된 경우에 한 개의 소를 합의부가 관할하는 때에는 그 밖의 소도 함께 관할한다.

③ 이의한 사람과 상대방이 이의에 관하여 단독판사의 재판을 받을 것을 합의한 경우에는 제1항 단서와 제2항의 규정을 적용하지 아니한다.

제157조(배당이의의 소의 판결) 배당이의의 소에 대한 판결에서는 배당액에 대한 다툼이 있는 부분에 관하여 배당을 받을 채권자와 그 액수를 정하여야 한다. 이를 정하는 것이 적당하지 아니하다고 인정한 때에는 판결에서 배당표를 다시 만들고 다른 배당절차를 밟도록 명하여야 한다.

제158조(배당이의의 소의 취하간주) 이의한 사람이 배당이의의 소의 첫 변론기일에 출석하지 아니한 때에는 소를 취하한 것으로 본다.

제159조(배당실시절차·배당조서) ① 법원은 배당표에 따라 제2항 및 제3항에 규정된 절차에 의하여 배당을 실시하여야 한다.

② 채권 전부의 배당을 받을 채권자에게는 배당액지급증을 교부하는 동시에 그가 가진 집행력 있는 정본 또는 채권증서를 받아 채무자에게 교부하여야 한다.

③ 채권 일부의 배당을 받을 채권자에게는 집행력 있는 정본 또는 채권증서를 제출하게 한 뒤 배당액을 적어서 돌려주고 배당액지급증을 교부하는 동시에 영수증을 받아 채무자에게 교부하여야 한다.

④ 제1항 내지 제3항의 배당실시절차는 조서에 명확히 적어야 한다.

제160조(배당금액의 공탁) ① 배당을 받아야 할 채권자의 채권에 대하여 다음 각호 가운데 어느 하나의 사유가 있으면 그에 대한 배당액을 공탁하여야 한다.

1. 채권에 정지조건 또는 불확정기한이 붙어 있는 때

2. 가압류채권자의 채권인 때

3. 제49조제2호 및 제266조제1항제5호에 규정된 문서가 제출되어 있는 때

4. 저당권설정의 가등기가 마쳐져 있는 때

5. 제154조제1항에 의한 배당이의의 소가 제기된 때

6. 민법 제340조제2항 및 같은 법 제370조에 따른 배당금액의 공탁청구가 있는 때

② 채권자가 배당기일에 출석하지 아니한 때에는 그에 대한 배당액을 공탁하여야 한다.

제161조(공탁금에 대한 배당의 실시) ① 법원이 제160조제1항의 규정에 따라 채권자에 대한 배당액을 공탁한 뒤 공탁의 사유가 소멸한 때에는 법원은 공탁금을 지급하거나 공탁금에 대한 배당을 실시하여야 한다.

② 제1항에 따라 배당을 실시함에 있어서 다음 각호 가운데 어느 하나에 해당하는 때에는 법원은 배당에 대하여 이의하지 아니한 채권자를 위하여서도 배당표를 바꾸어야 한다.

1. 제160조제1항제1호 내지 제4호의 사유에 따른 공탁에 관련된 채권자에 대하여 배당을 실시할 수 없게 된 때

2. 제160조제1항제5호의 공탁에 관련된 채권자가 채무자로부터 제기당한 배당이의의 소에서 진 때

3. 제160조제1항제6호의 공탁에 관련된 채권자가 저당물의 매각대가로부터 배당을 받은 때

③ 제160조제2항의 채권자가 법원에 대하여 공탁금의 수령을 포기하는 의사를 표시한 때에는 그 채권자의 채권이 존재하지 아니하는 것으로 보고 배당표를 바꾸어야 한다.

④ 제2항 및 제3항의 배당표변경에 따른 추가 배당기일에 제151조의 규정에 따라 이의할 때에는 종전의 배당기일에서 주장할 수 없었던 사유만을 주장할 수 있다.

제162조(공동경매) 여러 압류채권자를 위하여 동시에 실시하는 부동산의 경매절차에는 제80조 내지 제161조의 규정을 준용한다.

제3장 금전채권 외의 채권에 기초한 강제집행

제258조(부동산 등의 인도청구의 집행) ① 채무자가 부동산이나 선박을 인도하여야 할 때에는 집행관은 채무자로부터 점유를 빼앗아 채권자에게 인도하여야 한다.

② 제1항의 강제집행은 채권자나 그 대리인이 인도받기 위하여 출석한 때에만 한다.

③ 강제집행의 목적물이 아닌 동산은 집행관이 제거하여 채무자에게 인도하여야 한다.

④ 제3항의 경우 채무자가 없는 때에는 집행관은 채무자와 같이 사는 사리를 분별할 지능이 있는 친족 또는 채무자의 대리인이나 고용인에게 그 동산을 인도하여야 한다.

⑤ 채무자와 제4항에 적은 사람이 없는 때에는 집행관은 그 동산을 채무자의 비용으로 보관하여야 한다.

⑥ 채무자가 그 동산의 수취를 게을리 한 때에는 집행관은 집행법원의 허가를 받아 동산에 대한 강제집행의 매각절차에 관한 규정에 따라 그 동산을 매각하고 비용을 뺀 뒤에 나머지 대금을 공탁하여야 한다.

제259조(목적물을 제3자가 점유하는 경우) 인도할 물건을 제3자가 점유하고 있는 때에는 채권자의 신청에 따라 금전채권의 압류에 관한 규정에 따라 채무자의 제3자에 대한 인도청구권을 채권자에게 넘겨야 한다.

제3편 담보권 실행 등을 위한 경매

제264조(부동산에 대한 경매신청) ① 부동산을 목적으로 하는 담보권

을 실행하기 위한 경매신청을 함에는 담보권이 있다는 것을 증명하는 서류를 내야 한다.

② 담보권을 승계한 경우에는 승계를 증명하는 서류를 내야 한다.

③ 부동산 소유자에게 경매개시결정을 송달할 때에는 제2항의 규정에 따라 제출된 서류의 등본을 붙여야 한다.

제265조(경매개시결정에 대한 이의신청사유) 경매절차의 개시결정에 대한 이의신청사유로 담보권이 없다는 것 또는 소멸되었다는 것을 주장할 수 있다.

제266조(경매절차의 정지) ① 다음 각호 가운데 어느 하나에 해당하는 문서가 경매법원에 제출되면 경매절차를 정지하여야 한다. 〈개정 2011.4.12.〉

1. 담보권의 등기가 말소된 등기사항증명서

2. 담보권 등기를 말소하도록 명한 확정판결의 정본

3. 담보권이 없거나 소멸되었다는 취지의 확정판결의 정본

4. 채권자가 담보권을 실행하지 아니하기로 하거나 경매신청을 취하하겠다는 취지 또는 피담보채권을 변제받았거나 그 변제를 미루도록 승낙한다는 취지를 적은 서류

5. 담보권 실행을 일시정지하도록 명한 재판의 정본

② 제1항제1호 내지 제3호의 경우와 제4호의 서류가 화해조서의 정본 또는 공정증서의 정본인 경우에는 경매법원은 이미 실시한 경매절차를 취소하여야 하며, 제5호의 경우에는 그 재판에 따라 경매절차를 취소하지 아니한 때에만 이미 실시한 경매절차를 일시적으로 유지하게 하여야 한다.

③ 제2항의 규정에 따라 경매절차를 취소하는 경우에는 제17조의 규정

을 적용하지 아니한다.

제267조(대금완납에 따른 부동산취득의 효과) 매수인의 부동산 취득은 담보권 소멸로 영향을 받지 아니한다.

제268조(준용규정) 부동산을 목적으로 하는 담보권 실행을 위한 경매절차에는 제79조 내지 제162조의 규정을 준용한다.

제274조(유치권 등에 의한 경매) ① 유치권에 의한 경매와 민법·상법, 그 밖의 법률이 규정하는 바에 따른 경매(이하 "유치권등에 의한 경매"라 한다)는 담보권 실행을 위한 경매의 예에 따라 실시한다.

② 유치권 등에 의한 경매절차는 목적물에 대하여 강제경매 또는 담보권 실행을 위한 경매절차가 개시된 경우에는 이를 정지하고, 채권자 또는 담보권자를 위하여 그 절차를 계속하여 진행한다.

③ 제2항의 경우에 강제경매 또는 담보권 실행을 위한 경매가 취소되면 유치권 등에 의한 경매절차를 계속하여 진행하여야 한다.

부칙 〈제13286호, 2015.5.18.〉

이 법은 공포 후 6개월이 경과한 날부터 시행한다.

부록

3. 주택임대차보호법

주택임대차보호법

[시행 2015.7.1.] [법률 제12989호, 2015.1.6., 타법개정]

법무부(법무심의관실) 02-2110-3164~5

제1조(목적) 이 법은 주거용 건물의 임대차(賃貸借)에 관하여 「민법」에 대한 특례를 규정함으로써 국민 주거생활의 안정을 보장함을 목적으로 한다.

[전문개정 2008.3.21.]

제2조(적용 범위) 이 법은 주거용 건물(이하 "주택"이라 한다)의 전부 또는 일부의 임대차에 관하여 적용한다. 그 임차주택(賃借住宅)의 일부가 주거 외의 목적으로 사용되는 경우에도 또한 같다.

[전문개정 2008.3.21.]

제3조(대항력 등) ① 임대차는 그 등기(登記)가 없는 경우에도 임차인(賃借人)이 주택의 인도(引渡)와 주민등록을 마친 때에는 그 다음 날부터 제삼자에 대하여 효력이 생긴다. 이 경우 전입신고를 한 때에 주민등록이 된 것으로 본다.

② 주택도시기금을 재원으로 하여 저소득층 무주택자에게 주거생활 안정을 목적으로 전세임대주택을 지원하는 법인이 주택을 임차한 후 지방자치단체의 장 또는 그 법인이 선정한 입주자가 그 주택을 인도받고 주민등록을

마쳤을 때에는 제1항을 준용한다. 이 경우 대항력이 인정되는 법인은 대통령령으로 정한다. 〈개정 2015.1.6.〉

③ 「중소기업기본법」 제2조에 따른 중소기업에 해당하는 법인이 소속 직원의 주거용으로 주택을 임차한 후 그 법인이 선정한 직원이 해당 주택을 인도받고 주민등록을 마쳤을 때에는 제1항을 준용한다. 임대차가 끝나기 전에 그 직원이 변경된 경우에는 그 법인이 선정한 새로운 직원이 주택을 인도받고 주민등록을 마친 다음 날부터 제삼자에 대하여 효력이 생긴다. 〈신설 2013.8.13.〉

④ 임차주택의 양수인(讓受人)(그 밖에 임대할 권리를 승계한 자를 포함한다)은 임대인(賃貸人)의 지위를 승계한 것으로 본다. 〈개정 2013.8.13.〉

⑤ 이 법에 따라 임대차의 목적이 된 주택이 매매나 경매의 목적물이 된 경우에는 「민법」 제575조제1항·제3항 및 같은 법 제578조를 준용한다. 〈개정 2013.8.13.〉

⑥ 제5항의 경우에는 동시이행의 항변권(抗辯權)에 관한 「민법」 제536조를 준용한다. 〈개정 2013.8.13.〉

[전문개정 2008.3.21.]

제3조의2(보증금의 회수) ① 임차인(제3조제2항 및 제3항의 법인을 포함한다. 이하 같다)이 임차주택에 대하여 보증금반환청구소송의 확정판결이나 그 밖에 이에 준하는 집행권원(執行權原)에 따라서 경매를 신청하는 경우에는 집행개시(執行開始)요건에 관한 「민사집행법」 제41조에도 불구하고 반대의무(反對義務)의 이행이나 이행의 제공을 집행개시의 요건으로 하지 아니한다. 〈개정 2013.8.13.〉

② 제3조제1항·제2항 또는 제3항의 대항요건(對抗要件)과 임대차계약증서

(제3조제2항 및 제3항의 경우에는 법인과 임대인 사이의 임대차계약증서를 말한다)상의 확정일자(確定日字)를 갖춘 임차인은 「민사집행법」에 따른 경매 또는 「국세징수법」에 따른 공매(公賣)를 할 때에 임차주택(대지를 포함한다)의 환가대금(換價代金)에서 후순위권리자(後順位權利者)나 그 밖의 채권자보다 우선하여 보증금을 변제(辨濟)받을 권리가 있다. 〈개정 2013.8.13.〉

③ 임차인은 임차주택을 양수인에게 인도하지 아니하면 제2항에 따른 보증금을 받을 수 없다.

④ 제2항 또는 제7항에 따른 우선변제의 순위와 보증금에 대하여 이의가 있는 이해관계인은 경매법원이나 체납처분청에 이의를 신청할 수 있다. 〈개정 2013.8.13.〉

⑤ 제4항에 따라 경매법원에 이의를 신청하는 경우에는 「민사집행법」 제152조부터 제161조까지의 규정을 준용한다.

⑥ 제4항에 따라 이의신청을 받은 체납처분청은 이해관계인이 이의신청일부터 7일 이내에 임차인 또는 제7항에 따라 우선변제권을 승계한 금융기관 등을 상대로 소(訴)를 제기한 것을 증명하면 해당 소송이 끝날 때까지 이의가 신청된 범위에서 임차인 또는 제7항에 따라 우선변제권을 승계한 금융기관 등에 대한 보증금의 변제를 유보(留保)하고 남은 금액을 배분하여야 한다. 이 경우 유보된 보증금은 소송의 결과에 따라 배분한다. 〈개정 2013.8.13.〉

⑦ 다음 각 호의 금융기관 등이 제2항, 제3조의3제5항, 제3조의4제1항에 따른 우선변제권을 취득한 임차인의 보증금반환채권을 계약으로 양수한 경우에는 양수한 금액의 범위에서 우선변제권을 승계한다. 〈신설 2013.8.13., 2015.1.6.〉

1. 「은행법」에 따른 은행

2. 「중소기업은행법」에 따른 중소기업은행

3. 「한국산업은행법」에 따른 한국산업은행

4. 「농업협동조합법」에 따른 농협은행

5. 「수산업협동조합법」에 따른 수산업협동조합중앙회

6. 「우체국예금·보험에 관한 법률」에 따른 체신관서

7. 「한국주택금융공사법」에 따른 한국주택금융공사

8. 「보험업법」 제4조제1항제2호라목의 보증보험을 보험종목으로 허가받은 보험회사

9. 「주택도시기금법」에 따른 주택도시보증공사

10. 그 밖에 제1호부터 제9호까지에 준하는 것으로서 대통령령으로 정하는 기관

⑧ 제7항에 따라 우선변제권을 승계한 금융기관 등(이하 "금융기관등"이라 한다)은 다음 각 호의 어느 하나에 해당하는 경우에는 우선변제권을 행사할 수 없다. 〈신설 2013.8.13.〉

1. 임차인이 제3조제1항·제2항 또는 제3항의 대항요건을 상실한 경우

2. 제3조의3제5항에 따른 임차권등기가 말소된 경우

3. 「민법」 제621조에 따른 임대차등기가 말소된 경우

⑨ 금융기관등은 우선변제권을 행사하기 위하여 임차인을 대리하거나 대위하여 임대차를 해지할 수 없다. 〈신설 2013.8.13.〉

[전문개정 2008.3.21.]

제3조의2(보증금의 회수) ① 임차인(제3조제2항 및 제3항의 법인을 포함한다. 이하 같다)이 임차주택에 대하여 보증금반환청구소송의 확정판결이

나 그 밖에 이에 준하는 집행권원(執行權原)에 따라서 경매를 신청하는 경우에는 집행개시(執行開始)요건에 관한 「민사집행법」 제41조에도 불구하고 반대의무(反對義務)의 이행이나 이행의 제공을 집행개시의 요건으로 하지 아니한다. 〈개정 2013.8.13.〉

　② 제3조제1항·제2항 또는 제3항의 대항요건(對抗要件)과 임대차계약증서(제3조제2항 및 제3항의 경우에는 법인과 임대인 사이의 임대차계약증서를 말한다)상의 확정일자(確定日字)를 갖춘 임차인은 「민사집행법」에 따른 경매 또는 「국세징수법」에 따른 공매(公賣)를 할 때에 임차주택(대지를 포함한다)의 환가대금(換價代金)에서 후순위권리자(後順位權利者)나 그 밖의 채권자보다 우선하여 보증금을 변제(辨濟)받을 권리가 있다. 〈개정 2013.8.13.〉

　③ 임차인은 임차주택을 양수인에게 인도하지 아니하면 제2항에 따른 보증금을 받을 수 없다.

　④ 제2항 또는 제7항에 따른 우선변제의 순위와 보증금에 대하여 이의가 있는 이해관계인은 경매법원이나 체납처분청에 이의를 신청할 수 있다. 〈개정 2013.8.13.〉

　⑤ 제4항에 따라 경매법원에 이의를 신청하는 경우에는 「민사집행법」 제152조부터 제161조까지의 규정을 준용한다.

　⑥ 제4항에 따라 이의신청을 받은 체납처분청은 이해관계인이 이의신청일부터 7일 이내에 임차인 또는 제7항에 따라 우선변제권을 승계한 금융기관 등을 상대로 소(訴)를 제기한 것을 증명하면 해당 소송이 끝날 때까지 이의가 신청된 범위에서 임차인 또는 제7항에 따라 우선변제권을 승계한 금융기관 등에 대한 보증금의 변제를 유보(留保)하고 남은 금액을 배분하여야 한다. 이 경우 유보된 보증금은 소송의 결과에 따라 배분한다. 〈개정 2013.8.13.〉

⑦ 다음 각 호의 금융기관 등이 제2항, 제3조의3제5항, 제3조의4제1항에 따른 우선변제권을 취득한 임차인의 보증금반환채권을 계약으로 양수한 경우에는 양수한 금액의 범위에서 우선변제권을 승계한다. 〈신설 2013.8.13., 2015.1.6., 2016.5.29.〉

1. 「은행법」에 따른 은행

2. 「중소기업은행법」에 따른 중소기업은행

3. 「한국산업은행법」에 따른 한국산업은행

4. 「농업협동조합법」에 따른 농협은행

5. 「수산업협동조합법」에 따른 수협은행

6. 「우체국예금·보험에 관한 법률」에 따른 체신관서

7. 「한국주택금융공사법」에 따른 한국주택금융공사

8. 「보험업법」 제4조제1항제2호라목의 보증보험을 보험종목으로 허가받은 보험회사

9. 「주택도시기금법」에 따른 주택도시보증공사

10. 그 밖에 제1호부터 제9호까지에 준하는 것으로서 대통령령으로 정하는 기관

⑧ 제7항에 따라 우선변제권을 승계한 금융기관 등(이하 "금융기관등"이라 한다)은 다음 각 호의 어느 하나에 해당하는 경우에는 우선변제권을 행사할 수 없다. 〈신설 2013.8.13.〉

1. 임차인이 제3조제1항·제2항 또는 제3항의 대항요건을 상실한 경우

2. 제3조의3제5항에 따른 임차권등기가 말소된 경우

3. 「민법」 제621조에 따른 임대차등기가 말소된 경우

⑨ 금융기관등은 우선변제권을 행사하기 위하여 임차인을 대리하거나

대위하여 임대차를 해지할 수 없다. 〈신설 2013.8.13.〉

[전문개정 2008.3.21.]

[시행일 : 2016.12.1.] 제3조의2

제3조의3(임차권등기명령) ① 임대차가 끝난 후 보증금이 반환되지 아니한 경우 임차인은 임차주택의 소재지를 관할하는 지방법원·지방법원지원 또는 시·군 법원에 임차권등기명령을 신청할 수 있다. 〈개정 2013.8.13.〉

② 임차권등기명령의 신청서에는 다음 각 호의 사항을 적어야 하며, 신청의 이유와 임차권등기의 원인이 된 사실을 소명(疎明)하여야 한다. 〈개정 2013.8.13.〉

1. 신청의 취지 및 이유

2. 임대차의 목적인 주택(임대차의 목적이 주택의 일부분인 경우에는 해당 부분의 도면을 첨부한다)

3. 임차권등기의 원인이 된 사실(임차인이 제3조제1항·제2항 또는 제3항에 따른 대항력을 취득하였거나 제3조의2제2항에 따른 우선변제권을 취득한 경우에는 그 사실)

4. 그 밖에 대법원규칙으로 정하는 사항

③ 다음 각 호의 사항 등에 관하여는 「민사집행법」 제280조제1항, 제281조, 제283조, 제285조, 제286조, 제288조제1항·제2항 본문, 제289조, 제290조제2항 중 제288조제1항에 대한 부분, 제291조 및 제293조를 준용한다. 이 경우 "가압류"는 "임차권등기"로, "채권자"는 "임차인"으로, "채무자"는 "임대인"으로 본다.

1. 임차권등기명령의 신청에 대한 재판

2. 임차권등기명령의 결정에 대한 임대인의 이의신청 및 그에 대한 재판

3. 임차권등기명령의 취소신청 및 그에 대한 재판

4. 임차권등기명령의 집행

④ 임차권등기명령의 신청을 기각(棄却)하는 결정에 대하여 임차인은 항고(抗告)할 수 있다.

⑤ 임차인은 임차권등기명령의 집행에 따른 임차권등기를 마치면 제3조제1항·제2항 또는 제3항에 따른 대항력과 제3조의2제2항에 따른 우선변제권을 취득한다. 다만, 임차인이 임차권등기 이전에 이미 대항력이나 우선변제권을 취득한 경우에는 그 대항력이나 우선변제권은 그대로 유지되며, 임차권등기 이후에는 제3조제1항·제2항 또는 제3항의 대항요건을 상실하더라도 이미 취득한 대항력이나 우선변제권을 상실하지 아니한다. 〈개정 2013.8.13.〉

⑥ 임차권등기명령의 집행에 따른 임차권등기가 끝난 주택(임대차의 목적이 주택의 일부분인 경우에는 해당 부분으로 한정한다)을 그 이후에 임차한 임차인은 제8조에 따른 우선변제를 받을 권리가 없다.

⑦ 임차권등기의 촉탁(囑託), 등기관의 임차권등기 기입(記入) 등 임차권등기명령을 시행하는 데에 필요한 사항은 대법원규칙으로 정한다. 〈개정 2011.4.12.〉

⑧ 임차인은 제1항에 따른 임차권등기명령의 신청과 그에 따른 임차권등기와 관련하여 든 비용을 임대인에게 청구할 수 있다.

⑨ 금융기관등은 임차인을 대위하여 제1항의 임차권등기명령을 신청할 수 있다. 이 경우 제3항·제4항 및 제8항의 "임차인"은 "금융기관등"으로 본다. 〈신설 2013.8.13.〉

[전문개정 2008.3.21.]

제3조의4(「민법」에 따른 주택임대차등기의 효력 등) ① 「민법」 제621조에 따른 주택임대차등기의 효력에 관하여는 제3조의3제5항 및 제6항을 준용한다.

② 임차인이 대항력이나 우선변제권을 갖추고 「민법」 제621조제1항에 따라 임대인의 협력을 얻어 임대차등기를 신청하는 경우에는 신청서에 「부동산등기법」 제74조제1호부터 제5호까지의 사항 외에 다음 각 호의 사항을 적어야 하며, 이를 증명할 수 있는 서면(임대차의 목적이 주택의 일부분인 경우에는 해당 부분의 도면을 포함한다)을 첨부하여야 한다. 〈개정 2011.4.12.〉

1. 주민등록을 마친 날

2. 임차주택을 점유(占有)한 날

3. 임대차계약증서상의 확정일자를 받은 날

[전문개정 2008.3.21.]

제3조의5(경매에 의한 임차권의 소멸) 임차권은 임차주택에 대하여 「민사집행법」에 따른 경매가 행하여진 경우에는 그 임차주택의 경락(競落)에 따라 소멸한다. 다만, 보증금이 모두 변제되지 아니한, 대항력이 있는 임차권은 그러하지 아니하다.

[전문개정 2008.3.21.]

제3조의6(확정일자 부여 및 임대차 정보제공 등) ① 제3조의2제2항의 확정일자는 주택 소재지의 읍·면사무소, 동 주민센터 또는 시(특별시·광역시·특별자치시는 제외하고, 특별자치도는 포함한다)·군·구(자치구를 말한다)의 출장소, 지방법원 및 그 지원과 등기소 또는 「공증인법」에 따른 공증인

(이하 이 조에서 "확정일자부여기관"이라 한다)이 부여한다.

② 확정일자부여기관은 해당 주택의 소재지, 확정일자 부여일, 차임 및 보증금 등을 기재한 확정일자부를 작성하여야 한다. 이 경우 전산처리정보조직을 이용할 수 있다.

③ 주택의 임대차에 이해관계가 있는 자는 확정일자부여기관에 해당 주택의 확정일자 부여일, 차임 및 보증금 등 정보의 제공을 요청할 수 있다. 이 경우 요청을 받은 확정일자부여기관은 정당한 사유 없이 이를 거부할 수 없다.

④ 임대차계약을 체결하려는 자는 임대인의 동의를 받아 확정일자부여기관에 제3항에 따른 정보제공을 요청할 수 있다.

⑤ 제1항·제3항 또는 제4항에 따라 확정일자를 부여받거나 정보를 제공받으려는 자는 수수료를 내야 한다.

⑥ 확정일자부에 기재하여야 할 사항, 주택의 임대차에 이해관계가 있는 자의 범위, 확정일자부여기관에 요청할 수 있는 정보의 범위 및 수수료, 그 밖에 확정일자부여사무와 정보제공 등에 필요한 사항은 대통령령 또는 대법원규칙으로 정한다.

[본조신설 2013.8.13.]

제4조(임대차기간 등) ① 기간을 정하지 아니하거나 2년 미만으로 정한 임대차는 그 기간을 2년으로 본다. 다만, 임차인은 2년 미만으로 정한 기간이 유효함을 주장할 수 있다.

② 임대차기간이 끝난 경우에도 임차인이 보증금을 반환받을 때까지는 임대차관계가 존속되는 것으로 본다.

[전문개정 2008.3.21.]

제5조 삭제 〈1989.12.30.〉

제6조(계약의 갱신) ① 임대인이 임대차기간이 끝나기 6개월 전부터 1개월 전까지의 기간에 임차인에게 갱신거절(更新拒絶)의 통지를 하지 아니하거나 계약조건을 변경하지 아니하면 갱신하지 아니한다는 뜻의 통지를 하지 아니한 경우에는 그 기간이 끝난 때에 전 임대차와 동일한 조건으로 다시 임대차한 것으로 본다. 임차인이 임대차기간이 끝나기 1개월 전까지 통지하지 아니한 경우에도 또한 같다.

② 제1항의 경우 임대차의 존속기간은 2년으로 본다. 〈개정 2009.5.8.〉

③ 2기(期)의 차임액(借賃額)에 달하도록 연체하거나 그 밖에 임차인으로서의 의무를 현저히 위반한 임차인에 대하여는 제1항을 적용하지 아니한다.

[전문개정 2008.3.21.]

제6조의2(묵시적 갱신의 경우 계약의 해지) ① 제6조제1항에 따라 계약이 갱신된 경우 같은 조 제2항에도 불구하고 임차인은 언제든지 임대인에게 계약해지(契約解止)를 통지할 수 있다. 〈개정 2009.5.8.〉

② 제1항에 따른 해지는 임대인이 그 통지를 받은 날부터 3개월이 지나면 그 효력이 발생한다.

[전문개정 2008.3.21.]

제7조(차임 등의 증감청구권) 당사자는 약정한 차임이나 보증금이 임차주택에 관한 조세, 공과금, 그 밖의 부담의 증감이나 경제사정의 변동으로 인하여 적절하지 아니하게 된 때에는 장래에 대하여 그 증감을 청구할 수 있다. 다만, 증액의 경우에는 대통령령으로 정하는 기준에 따른 비율을 초과하지 못한다.

[전문개정 2008.3.21.]

제7조의2(월차임 전환 시 산정률의 제한) 보증금의 전부 또는 일부를

월 단위의 차임으로 전환하는 경우에는 그 전환되는 금액에 다음 각 호 중 낮은 비율을 곱한 월차임(月借賃)의 범위를 초과할 수 없다. 〈개정 2010.5.17., 2013.8.13.〉

1. 「은행법」에 따른 은행에서 적용하는 대출금리와 해당 지역의 경제 여건 등을 고려하여 대통령령으로 정하는 비율

2. 한국은행에서 공시한 기준금리에 대통령령으로 정하는 배수를 곱한 비율

[전문개정 2008.3.21.]

제7조의2(월차임 전환 시 산정률의 제한) 보증금의 전부 또는 일부를 월 단위의 차임으로 전환하는 경우에는 그 전환되는 금액에 다음 각 호 중 낮은 비율을 곱한 월차임(月借賃)의 범위를 초과할 수 없다. 〈개정 2010.5.17., 2013.8.13., 2016.5.29.〉

1. 「은행법」에 따른 은행에서 적용하는 대출금리와 해당 지역의 경제 여건 등을 고려하여 대통령령으로 정하는 비율

2. 한국은행에서 공시한 기준금리에 대통령령으로 정하는 이율을 더한 비율

[전문개정 2008.3.21.]

제8조(보증금 중 일정액의 보호) ① 임차인은 보증금 중 일정액을 다른 담보물권자(擔保物權者)보다 우선하여 변제받을 권리가 있다. 이 경우 임차인은 주택에 대한 경매신청의 등기 전에 제3조제1항의 요건을 갖추어야 한다.

② 제1항의 경우에는 제3조의2제4항부터 제6항까지의 규정을 준용한다.

③ 제1항에 따라 우선변제를 받을 임차인 및 보증금 중 일정액의 범위와

기준은 제8조의2에 따른 주택임대차위원회의 심의를 거쳐 대통령령으로 정한다. 다만, 보증금 중 일정액의 범위와 기준은 주택가액(대지의 가액을 포함한다)의 2분의 1을 넘지 못한다. 〈개정 2009.5.8.〉

[전문개정 2008.3.21.]

제8조의2(주택임대차위원회) ① 제8조에 따라 우선변제를 받을 임차인 및 보증금 중 일정액의 범위와 기준을 심의하기 위하여 법무부에 주택임대차위원회(이하 "위원회"라 한다)를 둔다.

② 위원회는 위원장 1명을 포함한 9명 이상 15명 이하의 위원으로 구성한다.

③ 위원회의 위원장은 법무부차관이 된다.

④ 위원회의 위원은 다음 각 호의 어느 하나에 해당하는 사람 중에서 위원장이 위촉하되, 다음 제1호부터 제5호까지에 해당하는 위원을 각각 1명 이상 위촉하여야 하고, 위원 중 2분의 1 이상은 제1호·제2호 또는 제6호에 해당하는 사람을 위촉하여야 한다. 〈개정 2013.3.23.〉

1. 법학·경제학 또는 부동산학 등을 전공하고 주택임대차 관련 전문지식을 갖춘 사람으로서 공인된 연구기관에서 조교수 이상 또는 이에 상당하는 직에 5년 이상 재직한 사람

2. 변호사·감정평가사·공인회계사·세무사 또는 공인중개사로서 5년 이상 해당 분야에서 종사하고 주택임대차 관련 업무경험이 풍부한 사람

3. 기획재정부에서 물가 관련 업무를 담당하는 고위공무원단에 속하는 공무원

4. 법무부에서 주택임대차 관련 업무를 담당하는 고위공무원단에 속하는 공무원(이에 상당하는 특정직 공무원을 포함한다)

5. 국토교통부에서 주택사업 또는 주거복지 관련 업무를 담당하는 고위공무원단에 속하는 공무원

6. 그 밖에 주택임대차 관련 학식과 경험이 풍부한 사람으로서 대통령령으로 정하는 사람

⑤ 그 밖에 위원회의 구성 및 운영 등에 필요한 사항은 대통령령으로 정한다.

[본조신설 2009.5.8.]

제9조(주택 임차권의 승계) ① 임차인이 상속인 없이 사망한 경우에는 그 주택에서 가정공동생활을 하던 사실상의 혼인 관계에 있는 자가 임차인의 권리와 의무를 승계한다.

② 임차인이 사망한 때에 사망 당시 상속인이 그 주택에서 가정공동생활을 하고 있지 아니한 경우에는 그 주택에서 가정공동생활을 하던 사실상의 혼인 관계에 있는 자와 2촌 이내의 친족이 공동으로 임차인의 권리와 의무를 승계한다.

③ 제1항과 제2항의 경우에 임차인이 사망한 후 1개월 이내에 임대인에게 제1항과 제2항에 따른 승계 대상자가 반대의사를 표시한 경우에는 그러하지 아니하다.

④ 제1항과 제2항의 경우에 임대차 관계에서 생긴 채권·채무는 임차인의 권리의무를 승계한 자에게 귀속된다.

[전문개정 2008.3.21.]

제10조(강행규정) 이 법에 위반된 약정(約定)으로서 임차인에게 불리한 것은 그 효력이 없다.

[전문개정 2008.3.21.]

제10조의2(초과 차임 등의 반환청구) 임차인이 제7조에 따른 증액비율을 초과하여 차임 또는 보증금을 지급하거나 제7조의2에 따른 월차임 산정률을 초과하여 차임을 지급한 경우에는 초과 지급된 차임 또는 보증금 상당 금액의 반환을 청구할 수 있다.

[본조신설 2013.8.13.]

제11조(일시사용을 위한 임대차) 이 법은 일시사용하기 위한 임대차임이 명백한 경우에는 적용하지 아니한다.

[전문개정 2008.3.21.]

제12조(미등기 전세에의 준용) 주택의 등기를 하지 아니한 전세계약에 관하여는 이 법을 준용한다. 이 경우 "전세금"은 "임대차의 보증금"으로 본다.

[전문개정 2008.3.21.]

제13조(「소액사건심판법」의 준용) 임차인이 임대인에 대하여 제기하는 보증금반환청구소송에 관하여는 「소액사건심판법」 제6조, 제7조, 제10조 및 제11조의2를 준용한다.

[전문개정 2008.3.21.]

제14조(주택임대차분쟁조정위원회) ① 이 법의 적용을 받는 주택임대차와 관련된 분쟁을 심의·조정하기 위하여 대통령령으로 정하는 바에 따라 「법률구조법」 제8조에 따른 대한법률구조공단(이하 "공단"이라 한다)의 지부에 주택임대차분쟁조정위원회(이하 "조정위원회"라 한다)를 둔다. 특별시·광역시·특별자치시·도 및 특별자치도(이하 "시·도"라 한다)는 그 지방자치단체의 실정을 고려하여 조정위원회를 둘 수 있다.

② 조정위원회는 다음 각 호의 사항을 심의·조정한다.

1. 차임 또는 보증금의 증감에 관한 분쟁

2. 임대차 기간에 관한 분쟁

3. 보증금 또는 임차주택의 반환에 관한 분쟁

4. 임차주택의 유지·수선 의무에 관한 분쟁

5. 그 밖에 대통령령으로 정하는 주택임대차에 관한 분쟁

③ 조정위원회의 사무를 처리하기 위하여 조정위원회에 사무국을 두고, 사무국의 조직 및 인력 등에 필요한 사항은 대통령령으로 정한다.

④ 사무국의 조정위원회 업무담당자는 다른 직위의 업무를 겸직하여서는 아니 된다.

[본조신설 2016.5.29.]

[시행일 : 2017.5.30.] 제14조

제15조(예산의 지원) 국가는 조정위원회의 설치·운영에 필요한 예산을 지원할 수 있다.

[본조신설 2016.5.29.]

[시행일 : 2017.5.30.] 제15조

제16조(조정위원회의 구성 및 운영) ① 조정위원회는 위원장 1명을 포함하여 5명 이상 30명 이하의 위원으로 구성한다.

② 공단 조정위원회 위원은 공단 이사장이 임명 또는 위촉하고, 시·도 조정위원회 위원은 해당 지방자치단체의 장이 임명하거나 위촉한다.

③ 조정위원회의 위원은 주택임대차에 관한 학식과 경험이 풍부한 사람으로서 다음 각 호의 어느 하나에 해당하는 사람으로 한다. 이 경우 제1호부터 제4호까지에 해당하는 위원을 각 1명 이상 위촉하여야 하고, 위원 중 5

분의 2 이상은 제2호에 해당하는 사람이어야 한다.

1. 법학·경제학 또는 부동산학 등을 전공하고 대학이나 공인된 연구기관에서 부교수 이상 또는 이에 상당하는 직에 재직한 사람

2. 판사·검사 또는 변호사로 6년 이상 재직한 사람

3. 감정평가사·공인회계사·법무사 또는 공인중개사로서 주택임대차 관계 업무에 6년 이상 종사한 사람

4. 「사회복지사업법」에 따른 사회복지법인과 그 밖의 비영리법인에서 주택임대차분쟁에 관한 상담에 6년 이상 종사한 경력이 있는 사람

5. 해당 지방자치단체에서 주택임대차 관련 업무를 담당하는 4급 이상의 공무원

6. 그 밖에 주택임대차 관련 학식과 경험이 풍부한 사람으로서 대통령령으로 정하는 사람

④ 조정위원회의 위원장은 제3항제2호에 해당하는 위원 중에서 위원들이 호선한다.

⑤ 조정위원회위원장은 조정위원회를 대표하여 그 직무를 총괄한다.

⑥ 조정위원회위원장이 부득이한 사유로 직무를 수행할 수 없는 경우에는 조정위원회위원장이 미리 지명한 조정위원이 그 직무를 대행한다.

⑦ 조정위원의 임기는 3년으로 하되 연임할 수 있으며, 보궐위원의 임기는 전임자의 남은 임기로 한다.

⑧ 조정위원회는 조정위원회위원장 또는 제3항제2호에 해당하는 조정위원 1명 이상을 포함한 재적위원 과반수의 출석과 출석위원 과반수의 찬성으로 의결한다.

⑨ 그 밖에 조정위원회의 설치, 구성 및 운영 등에 필요한 사항은 대통령

령으로 정한다.

[본조신설 2016.5.29.]

[시행일 : 2017.5.30.] 제16조

제17조(조정부의 구성 및 운영) ① 조정위원회는 분쟁의 효율적 해결을 위하여 3명의 조정위원으로 구성된 조정부를 둘 수 있다.

② 조정부에는 제16조제3항제2호에 해당하는 사람이 1명 이상 포함되어야 하며, 그 중에서 조정위원회위원장이 조정부의 장을 지명한다.

③ 조정부는 다음 각 호의 사항을 심의·조정한다.

1. 제14조제2항에 따른 주택임대차분쟁 중 대통령령으로 정하는 금액 이하의 분쟁

2. 조정위원회가 사건을 특정하여 조정부에 심의·조정을 위임한 분쟁

④ 조정부는 조정부의 장을 포함한 재적위원 과반수의 출석과 출석위원 과반수의 찬성으로 의결한다.

⑤ 제4항에 따라 조정부가 내린 결정은 조정위원회가 결정한 것으로 본다.

⑥ 그 밖에 조정부의 설치, 구성 및 운영 등에 필요한 사항은 대통령령으로 정한다.

[본조신설 2016.5.29.]

[시행일 : 2017.5.30.] 제17조

제18조(조정위원의 결격사유) 「국가공무원법」 제33조 각 호의 어느 하나에 해당하는 사람은 조정위원이 될 수 없다.

[본조신설 2016.5.29.]

[시행일 : 2017.5.30.] 제18조

제19조(조정위원의 신분보장) ① 조정위원은 자신의 직무를 독립적으로 수행하고 주택임대차분쟁의 심리 및 판단에 관하여 어떠한 지시에도 구속되지 아니한다.

② 조정위원은 다음 각 호의 어느 하나에 해당하는 경우를 제외하고는 그 의사에 반하여 해임 또는 해촉되지 아니한다.

1. 제18조에 해당하는 경우

2. 신체상 또는 정신상의 장애로 직무를 수행할 수 없게 된 경우

[본조신설 2016.5.29.]

[시행일 : 2017.5.30.] 제19조

제20조(조정위원의 제척 등) ① 조정위원이 다음 각 호의 어느 하나에 해당하는 경우 그 직무의 집행에서 제척된다.

1. 조정위원 또는 그 배우자나 배우자이었던 사람이 해당 분쟁사건의 당사자가 되는 경우

2. 조정위원이 해당 분쟁사건의 당사자와 친족관계에 있거나 있었던 경우

3. 조정위원이 해당 분쟁사건에 관하여 진술, 감정 또는 법률자문을 한 경우

4. 조정위원이 해당 분쟁사건에 관하여 당사자의 대리인으로서 관여하거나 관여하였던 경우

② 사건을 담당한 조정위원에게 제척의 원인이 있는 경우에는 조정위원회는 직권 또는 당사자의 신청에 따라 제척의 결정을 한다.

③ 당사자는 사건을 담당한 조정위원에게 공정한 직무집행을 기대하기

어려운 사정이 있는 경우 조정위원회에 기피신청을 할 수 있다.

④ 기피신청에 관한 결정은 조정위원회가 하고, 해당 조정위원 및 당사자 쌍방은 그 결정에 불복하지 못한다.

⑤ 제3항에 따른 기피신청이 있는 때에는 조정위원회는 그 신청에 대한 결정이 있을 때까지 조정절차를 정지하여야 한다.

⑥ 조정위원은 제1항 또는 제3항에 해당하는 경우 조정위원회의 허가를 받지 아니하고 해당 분쟁사건의 직무집행에서 회피할 수 있다.

[본조신설 2016.5.29.]

[시행일 : 2017.5.30.] 제20조

제21조(조정의 신청 등) ① 제14조제2항 각 호의 어느 하나에 해당하는 주택임대차분쟁의 당사자는 해당 주택이 소재하는 공단 또는 시·도 조정위원회에 분쟁의 조정을 신청할 수 있다.

② 조정위원회는 신청인이 조정을 신청할 때 조정 절차 및 조정의 효력 등 분쟁조정에 관하여 대통령령으로 정하는 사항을 안내하여야 한다.

③ 조정위원회의 위원장은 다음 각 호의 어느 하나에 해당하는 경우 신청을 각하한다. 이 경우 그 사유를 신청인에게 통지하여야 한다.

1. 이미 해당 분쟁조정사항에 대하여 법원에 소가 제기되거나 조정 신청이 있은 후 소가 제기된 경우

2. 이미 해당 분쟁조정사항에 대하여 「민사조정법」에 따른 조정이 신청된 경우나 조정신청이 있은 후 같은 법에 따른 조정이 신청된 경우

3. 이미 해당 분쟁조정사항에 대하여 이 법에 따른 조정위원회에 조정이 신청된 경우나 조정신청이 있은 후 조정이 성립된 경우

4. 조정신청 자체로 주택임대차에 관한 분쟁이 아님이 명백한 경우

5. 피신청인이 조정절차에 응하지 아니한다는 의사를 통지하거나 조정신청서를 송달받은 날부터 7일 이내에 아무런 의사를 통지하지 아니한 경우

6. 신청인이 정당한 사유 없이 조사에 응하지 아니하거나 2회 이상 출석요구에 응하지 아니한 경우

[본조신설 2016.5.29.]

[시행일 : 2017.5.30.] 제21조

제22조(조정절차) ① 조정위원회의 위원장은 조정신청을 접수하면 피신청인에게 조정신청서를 송달하여야 한다. 이 경우 제21조제2항을 준용한다.

② 제1항에 따라 조정신청서를 송달받은 피신청인이 조정에 응하고자 하는 의사를 조정위원회에 통지하면 조정절차가 개시된다.

③ 조정서류의 송달 등 조정절차에 관하여 필요한 사항은 대통령령으로 정한다.

[본조신설 2016.5.29.]

[시행일 : 2017.5.30.] 제22조

제23조(처리기간) ① 조정위원회는 분쟁의 조정신청을 받은 날부터 60일 이내에 그 분쟁조정을 마쳐야 한다. 다만, 부득이한 사정이 있는 경우에는 조정위원회의 의결을 거쳐 30일의 범위에서 그 기간을 연장할 수 있다.

② 조정위원회는 제1항 단서에 따라 기간을 연장한 경우에는 기간 연장의 사유와 그 밖에 기간 연장에 관한 사항을 당사자에게 통보하여야 한다.

[본조신설 2016.5.29.]

[시행일 : 2017.5.30.] 제23조

제24조(조사 등) ① 조정위원회는 조정을 위하여 필요하다고 인정하는 경우 신청인, 피신청인, 분쟁 관련 이해관계인 또는 참고인에게 출석하여 진술하게 하거나 조정에 필요한 자료나 물건 등을 제출하도록 요구할 수 있다.

② 조정위원회는 조정을 위하여 필요하다고 인정하는 경우 조정위원 또는 사무국의 직원으로 하여금 조정 대상물 및 관련 자료에 대하여 조사하게 하거나 자료를 수집하게 할 수 있다. 이 경우 조정위원이나 사무국의 직원은 그 권한을 표시하는 증표를 지니고 이를 관계인에게 내보여야 한다.

③ 조정위원회위원장은 특별시장, 광역시장, 특별자치시장, 도지사 및 특별자치도지사(이하 "시·도지사"라 한다)에게 해당 조정업무에 참고하기 위하여 인근지역의 확정일자 자료, 보증금의 월차임 전환율 등 적정 수준의 임대료 산정을 위한 자료를 요청할 수 있다. 이 경우 시·도지사는 정당한 사유가 없으면 조정위원회위원장의 요청에 따라야 한다.

[본조신설 2016.5.29.]

[시행일 : 2017.5.30.] 제24조

제25조(조정을 하지 아니하는 결정) ① 조정위원회는 해당 분쟁이 그 성질상 조정을 하기에 적당하지 아니하다고 인정하거나 당사자가 부당한 목적으로 조정을 신청한 것으로 인정할 때에는 조정을 하지 아니할 수 있다.

② 조정위원회는 제1항에 따라 조정을 하지 아니하기로 결정하였을 때에는 그 사실을 당사자에게 통지하여야 한다.

[본조신설 2016.5.29.]

제26조(조정의 성립) ① 조정위원회가 조정안을 작성한 경우에는 그 조정안을 지체 없이 각 당사자에게 통지하여야 한다.

② 제1항에 따라 조정안을 통지받은 당사자가 통지받은 날부터 7일 이내에 수락의 의사를 서면으로 표시하지 아니한 경우에는 조정을 거부한 것으로 본다.

③ 제2항에 따라 각 당사자가 조정안을 수락한 경우에는 조정안과 동일한 내용의 합의가 성립된 것으로 본다.

④ 제3항에 따른 합의가 성립한 경우 조정위원회위원장은 조정안의 내용을 조정서로 작성한다. 조정위원회위원장은 각 당사자 간에 금전, 그 밖의 대체물의 지급 또는 부동산의 인도에 관하여 강제집행을 승낙하는 취지의 합의가 있는 경우에는 그 내용을 조정서에 기재하여야 한다.

[본조신설 2016.5.29.]

제27조(집행력의 부여) 제26조제4항 후단에 따라 강제집행을 승낙하는 취지의 내용이 기재된 조정서의 정본은 「민사집행법」 제56조에도 불구하고 집행력 있는 집행권원과 같은 효력을 가진다. 다만, 청구에 관한 이의의 주장에 대하여는 같은 법 제44조제2항을 적용하지 아니한다.

[본조신설 2016.5.29.]

제28조(비밀유지의무) 조정위원, 사무국의 직원 또는 그 직에 있었던 자

는 다른 법률에 특별한 규정이 있는 경우를 제외하고는 직무상 알게 된 정보를 타인에게 누설하거나 직무상 목적 외에 사용하여서는 아니 된다.

[본조신설 2016.5.29.]

[시행일 : 2017.5.30.] 제28조

제29조(다른 법률의 준용) 조정위원회의 운영 및 조정절차에 관하여 이 법에서 규정하지 아니한 사항에 대하여는 「민사조정법」을 준용한다.

[본조신설 2016.5.29.]

[시행일 : 2017.5.30.] 제29조

제30조(주택임대차표준계약서 사용) 주택임대차계약을 서면으로 체결할 때에는 법무부장관이 서식을 정하여 권고하는 주택임대차표준계약서를 우선적으로 사용한다. 다만, 당사자가 다른 서식을 사용하기로 합의한 경우에는 그러하지 아니하다.

[본조신설 2016.5.29.]

[시행일 : 2016.11.30.] 제30조

제31조(벌칙 적용에서 공무원 의제) 공무원이 아닌 주택임대차위원회의 위원 및 주택임대차분쟁조정위원회의 위원은 「형법」 제127조, 제129조부터 제132조까지의 규정을 적용할 때에는 공무원으로 본다.

[본조신설 2016.5.29.]

[시행일 : 2017.5.30.] 제31조(주택임대차분쟁조정위원회에 관한 부분만 해당한다)

[시행일 : 2016.11.30.] 제31조

부칙 〈제12989호, 2015.1.6.〉 (주택도시기금법)

제1조(시행일) 이 법은 2015년 7월 1일부터 시행한다.

제2조부터 제4조까지 생략

제5조(다른 법률의 개정) ①부터 ㉖까지 생략

㉗ 주택임대차보호법 일부를 다음과 같이 개정한다.

제3조제2항 전단 중 "국민주택기금"을 "주택도시기금"으로 한다.

제3조의2제7항제9호 중 「주택법」에 따른 대한주택보증주식회사"를 「주택도시기금법」에 따른 주택도시보증공사"로 한다.

㉘부터 ㉜까지 생략

제6조 생략